京都社会文化センター活動史（１９９９年―２０２３年）

―その思想と論理―

はじめに

１９９９年7月17日、ＮＰＯ京都社会文化センターは設立されました。その後、前年12月に施行された特定非営利活動促進法（通称：ＮＰＯ法）に基づいて法人申請に取り組み、２０００年1月21日に法人認証を受けました。以後、本書第Ⅰ、Ⅱ部で紹介しますようにＮＰＯ法人として様々な活動を展開しました。しかし、２０１９年3月にセンターの「場」であった町家からの撤退を余儀なくされ、翌年からの新型コロナの影響も加わり、また中心メンバーの高齢化あるいは退会に伴い継続が困難となっていきました。２０２３年1月29日の年次総会で解散を決議し、諸手続きを経て、本年5月26日に京都市に「解散に係る清算が結了した届出書」を提出しました。なお、清算結了後の5月27日以降は、任意団体ＮＧＯ京都社会文化センターのブランド名の下、それぞれの活動体、ともいき塾、出版会、冬水文庫などが独自に活動を行っています。京都社会文化センターの名称は残ります。

本書では、設立から23年10ヶ月間の諸活動を、第Ⅰ部で活動史を概観しながら、第Ⅱ部で特徴的な諸活動等の紹介、そして第Ⅲ部で社会文化活動の思想と論理とは何かといった内容が掲載されています。本書のタイトルは「京都社会文化センター活動史」ですが、センターの歴史の記録が主題ではなく、そこでの思想と論理は何であったのかが主題です。第Ⅰ部では、前史は「場」の概念と社会文化工房（織りなす工房）への志向はどうして生まれたのか、前期・後期史は主な活動の歴史をふり返りながらその思想と論理を辿っています。なお、第Ⅰ部は担当した重本の文責で書かれたものです。第Ⅱ部では、京都社会文化センターとしての事業展開とはいったい何であったのか、その特徴的な諸活動の取り組みを、その担当者が報告・考察をしています。またそこでは、「場」の確保と社会文化運動、その相互交流の意味（重要性）、さらにその難しさとは何であったのかを含めた内容となっています。第Ⅲ部では、現代社会を捉え・変革しようとする社会文化とその活動の思想と論理とは一体何であるのかについて考察しています。全体として京都社会文化センター活動の思想と論理を明らかにすることを本書の目的としています。

本書の編集にあたっては23年10ヶ月間の諸活動を適確に整理し総括することの難しさに直面しました。紙ベースの資料とPC保存のデータは一部消失あるいは復元不能もあり整理作業は困難でした。本書の目的は、上述しましたように活動の歴史を辿ることではなく、京都社会文化センター活動の歴史を概観し、そこでの思想と論理という視点から、センターの活動とはいったい何であったかを明らかにすることです。しかしこの目的もどこまで達したのか心もとないことです。ドイツ社会文化センターに触発され、その思想と論理を日本の現実をふまえながら日本独自の社会文化センターの可能性を探る実験的試みでした。その試みの一端を本書から読み取っていただければ幸いです。

ただ、第1章の活動前史で述べられていますように、ドイツ社会文化センターからの触発の前の１９９３年に、私たちは「社会文化」という思想と論理への志向とその活動をはじめていました。それは１９８９年の東西ドイツの壁崩壊、１９９１年のソビエト連邦の崩壊直後の時期でした。こうした歴史的局面を背景にしつつ生まれた「社会文化工房トポスの会」と季刊『場トポス』の試みが、１９９８年９月のドイツ社会文化センターへの訪問・調査によって、京都社会文化センター設立へとつながったと思います。この意味から活動前史を本書に組み入れています。

本書の発行は新たに衣替えしたＮＧＯ京都社会文化センターの一つの活動体である出版会です。本書の編集協力および発売は汎工房（東京・三鷹）です。編集・発行にあたって汎工房代表取締役の岡部拓哉さんにはたいへんお世話になりました。あらためて御礼申し上げます。

２０２３年９月１日
『京都社会文化センター活動史』刊行委員会
代表・重本直利

目次

第Ⅰ部　京都社会文化センター活動史

第1章　活動前史：1993年4月―1999年6月

重本直利

◆社会文化工房トポスの会設立（1993年4月、京都）、「場」概念の提起。
◆社会文化研究会設立（1997年10月、京都）、『社会文化研究』創刊（1997年12月）。
◆ドイツ社会文化センター訪問・調査（1998年9月）、ケルン、ハンブルグ、ライプチッヒなど。
◆社会文化学会設立（1998年11月）、「日本における社会文化――その実体と可能性――」。
◆日独国際シンポジウム（1999年5月）、「ドイツの社会文化状況と社会文化センターの役割」。

1993年4月、社会文化工房トポスの会設立

活動前史は1993年4月設立（京都）の「社会文化工房トポスの会」からとします。「社会文化」という用語をかかげて研究活動・社会活動をはじめた最初の取り組みでした。設立総会で「場」（トポス）というキーワードを用いて次のように呼びかけています。

「私たちの生きる社会、それはさまざまな場によって成り立っています。生産、労働、流通・物流、農業、教育、文化、研究、地域、医療、福祉、生活、家庭、マスコミなどの場、また、過労死・突然死、いじめ・体罰・不登校、飽食、飢え、貧困、交通戦争、受験戦争、テクノストレス、精神病理、エイズ、麻薬・覚醒剤の場、そして、社会主義崩壊、自然環境破壊の場など、さまざまな場が、私たちの脳裏に浮かんできます。

私たちは、これらのさまざまな場に身をおくことをとおして現実に生きています。また、この場は私たち

の労働・生活の内実を構成してもいます。時には現実の場に翻弄されつつも、私たちはこの場を解釈し理解し、そして何よりも少しでも良くしようと試みています。しかし、今日ほど現実の場を変えることの難しい時は、かつて存在したことはなかったのではないかと思えます。この難しさは、現代社会のさまざまな場が単なる労働・生活の場にとどまらず人間の精神と意味をもからめて存在し、かつ強固な構造（システム）を伴っていることから生じると言えます。この構造（システム）としての場はさまざまな場が複雑にからみ合った場です。こうした場に生きる私たちが、自らの主体性・自律性を獲得するには、まずなによりも自らの固有な労働・生活の場を、客観化し相対化する姿勢を積極的に求めなければならないと言えます。そうした姿勢が、世界・社会の病理を切り開く私たちの知的・文化的な刃を研ぎ澄まさせることになるのではないでしょうか」。

以上は呼びかけ文の前半部分で、「人間の精神と意味をもからめて存在し、かつ強固な構造（システム）」というように「場」を捉え、そこから「知的・文化的な刃を研ぎ澄まさせる」ことの必要性を述べています。どのように取り組むのか。後半部分へと続きます。

「しかし、現代の知は、こうした場に対する批判精神を喪失したままに浮遊していると言えます。批判と意味を欠如させたままに、この知は、もっぱら眼前の現実が強制するものにすり寄りつつ、みずからをひたすら道具的に使っては捨てさるという状況が果てしもなく広がっています。そこでの知は、現実へ妥協し、さらにその妥協を自己弁護することに汲々としています。知の世界においても〝現実への妥協と理念（規範）からの退却〟が果てしなくおこっています。また、私たちはそこで生き葛藤している自分像を見い出しもするのです。

こうした中、私たちの固有な場を知的に交流させ、現代社会への批判を展開する共通の志向は、知的・文化的〝工房〟への志向です。まさしく知的・文化的なものを〝織りなす工房〟として、すなわち、社会科学的な方法による現代社会分析、社会のさまざまな現場における実践活動報告、だが、この分析と報告は、今日においてはその主体自らのあり様を含めての文化・精神的側面を伴ったものとしてなされなければなりません。それゆえに、今日ほど、社会科学的な方法が本来もっていた時代的広がりの可能性と人文科学的な方法が本来もっていた人間的深まりの可能性を合わせもつ社会・文化・精神的アプローチの〝総合的な工房の場〟が必要とされる時代はないと言えます。

こうした可能性を探る場として季刊『場トポス』の刊行があります。また、この雑誌は、現代がもたらす病理に対するわれわれの思想的・精神的営みを刻み込む場であるとともに、現代社会への鋭い感性の表現である文化・芸術（美的・自らをも含めた人間的なもの）へのアプローチの〝織りなす工房の場〟でもあらねばなりません。

雑誌の発行そのものが社会・文化・思想・諸活動を縦横に結びつけ・織りなすところのネットワーク形成と社会文化活動そのものであることを切に願い、季刊『場トポス』と『社会文化工房トポスの会』へのご参加を強く呼びかけるものです」（１９９３年４月３日設立総会）。

知の世界における〝現実への妥協と理念（規範）からの退却〟の中で、これに抗する知的・文化的なものを〝織りなす工房〟への志向を示しています。そして「社会・文化・精神的アプローチの〝総合的な工房の場〟」を目指す取り組みを提案しています。この提案は、季刊『場トポス』の発行（こうち書房〈東京〉）に向けての共同の研究活動と編集作業の中で、以下の１～８号を発行してきました。この活動と作業は関西編集部と東京編集部を２つの軸とする共同という特色をもった雑誌でした。

編集委員会（設立当初の編集委員は20名）において毎号の編集方針を議論し、その具体化と編集実務は東京編集部と関西編集部に分けて担当しています。東京編集部代表は照井日出喜さん、関西編集部は清眞人さんでした。なお関西編集部代表は１９９５年夏から中村共一さんです。また、会員相互のコミュニケーション、共同研究活動（合宿を含む）、会報発行、財政運営などを担う「社会文化工房トポスの会」の運営委員会（代表：重本直利）と事務局（こうち書房の加藤豊さんと松坂尚美さん）が設置されました。

No.1：特集「［場］の思想の構築に向けて」
（1993年12月10日）〈編集：関西編集部〉

No.2：特集「過剰と不安」
（1994年4月19日）〈編集：関西編集部〉

季刊『場トポス』4号の表紙

No.3：特集「新世界＝無秩序の時代」
（1994年7月10日）〈編集：東京編集部〉

No.4：特集「迷走する性の時代」
小特集「自社連立と総保守化状況を撃つ」
（1994年10月20日）〈編集：東京編集部〉

No.5：特集「対抗文化圏の創出と美」
（1995年2月20日）〈編集：関西編集部〉

No.6：特集「《第三の道》を模索する」
（1995年7月10日）〈編集：東京編集部〉

No.7：特集Ⅰ「世紀末帝国主義の諸相」
特集Ⅱ「企業社会日本における共生的暴力」
小特集「企業社会と性差別」
（1995年12月10日）〈編集：東京編集部〉

No.8：特集「世紀末文化と人間の課題」
小特集「もうひとつの社会文化へ」
（1996年5月10日）〈編集：関西編集部〉

最終号となった8号の小特集の座談会は久保覚さんが司会をされ、「いま、社会文化運動とは――大きな言葉と小さなアクション――」がテーマでした。そして同号の末尾は「社会文化を考え、創りだすための読書案内」でした。

１９９６年４月に季刊『場トポス』の休刊が決まり、同年７月に社会文化工房トポスの会の解散総会(東京)となりました。休刊・解散の主な理由は、販売部数が伸びなかったこと、東京と関西の編集部のコンセプトの相乗効果が見通せないこと、刊行費用の赤字累積などです。

付記

１９９３年４月の「社会文化工房トポスの会」設立の前に、季刊『窓』の９号特集「新理論潮流の可能性」から13号までにわたったシリーズ「新・社会科学概論のために」(５回連載、１９９１年秋号～１９９２年秋号）の下に発表されたモデルネ研究会の５人の論稿(重本直利、清眞人、竹内真澄、赤井正二、吉田正岳〈掲載順〉)があります。窓社は、当時の私たち四〇歳前後の研究者の共同研究に注目され、上記のシリーズ（連載）の場を提供してくれました。季刊『場トポス』創刊はこうした経緯のなかにもあったと言えます。１９８９年東西ドイツの壁崩壊、１９９１年ソビエト連邦崩壊という時代背景が当時の若手研究者による「新理論潮流の可能性」の連載を可能にしたと言えます。なお、季刊『窓』は１９８９年10月に創刊され、創刊号の特集は「論争よ、起これ！」でした。そして１９９４年12月の22号は特集「回避される論争」で終刊となりました。それから30年を迎えようとしていますが、今、「何を為すべきか」の問いが聞こえてきます。再び「論争よ、起これ！」と応えたい。

１９９７年10月、社会文化研究会発足

社会文化工房トポスの会の解散の翌年(１９９７年)５月18日に、社会文化研究会準備会の第１回開催が吉田正岳・竹内真澄・重本直利の連名で呼びかけられました。そこでは『社会文化』という言葉・表現・概念が、現代日本社会の状況においてますます重要な意味をもつようになってきております。また、社会文化運動の

必要性も日々の生活体験から痛感させられる状況でもあります。そこで、『社会文化』をめぐる議論と研究の場を確保するとともに、社会的な広がりをもった開かれたアカデミズムの確立も目指していきたいと考えております」と呼びかけています。この準備会の議題は「(1)『社会文化』概念について、(2)『社会文化学会』設立にむけての検討」の2件があげられています（第1回準備会は6月1日に龍谷大学で開催）。

その後、準備会合を重ね、「社会文化工房トポスの会」の会員を主なメンバーとして１９９７年10月に社会文化研究会が発足しました（会員数68名）。この研究会の設立趣意書は以下です。

「今日、政治と経済を中心としたシステムは、世界的につながり、社会のあらゆる領域に深く浸透しつつあります。このシステムは文化の社会性を惹起していますす。この文化は、マスコミや専門家集団（知識人、文化人など）によって担われると共に、サブカルチャーもまた重要な役割を果たしています。システムと文化は、自己展開・自己増殖し、その全体像の把握はますます困難になってきており、その結果、人間自身の手による自律的な文化形成の課題が今日ますます不透明になってきております。同時に私たちの身近な生活文化は、この文化と密接不可分であり、個々人の生きる意味のあり様の文化的基礎を問うためにもシステムと文化の全体像の把握は重要と言えます。

このような認識にたつ時、現代における政治、経済、教育などの諸現象と諸問題を文化現象と文化問題として捉えかえす必要があると痛感します。これを、方法概念としての『社会文化』という言葉で表現したいと思います。現代においては、政治問題をただ政治としてではなく、経済問題をただ経済としてではなく、教育問題をただ教育としてではなく、人間問題をただ人間としてではなく、これらすべてを社会文化として捉える必要に迫られていると言えます。これまで、現代の諸現象を社会文化現象として捉え相対化する学問的共同作業が欠けていたために、現代システムの部分的・断片的把握にとどまり全体像の把握がなされなかったと共にその人間的・人間関係的基礎を明らかにするに至らなかったと言えると考えます。それ故、社会文化という捉え方（方法）に依拠して、現代システムという実体を対象化し、相対化し、その解明を行いたいと思います。すなわち、社会文化という方法によって現代システムの実体を捉えることから、新しい『社会文化空間』の多元的・創造的形成に寄与しうることを目的とした基礎的・学問的な研究討論の場を確保したいと思います。そこでは、専門性を超えた学問の総合性、学際性、そして何よりも文化性があらためて問われることになります。

以上のような考え方に立って社会文化研究会を設立します。この研究会が、未だ定かではない『社会文化』という用語・概念を言語化し相対化し具体化することを通して、新しい多元的・創造的な社会文化形成に寄与する学術的基礎を担っていけることを願うものです。なお、この研究会は、その発展的形態として『社会文化学会』の設立に向けての研究内容に関する準備討論を兼ねるものにしたいと思います。分野・領域をこえた多くの方々のご参加をお願いする次第です」。

この趣旨の下、１９９７年12月25日に『社会文化研究』創刊号が発行されました（題字は篠原三郎〈故人〉）。発行者は社会文化研究会、編集担当は中村共一さんです。印刷・製本は大垣市内の印刷所でした。その後、社会文化研究会は、谷和明さんの企画・案内で、１９９８年９月にドイツ社会文化センター訪問・調査（フランクフルト、ボン、ケルン、ハンブルグ、ライプチッヒ）を行いました。

１９９９年５月、京都社会文化センターの誕生前夜

１９９８年11月28日に社会文化学会設立大会（桃山学院大学）が開催されました。翌年１９９９年５月23日に日独国際シンポジュウムが開催されます。テーマは、「ドイツの社会文化状況と社会文化センターの役割——日本との比較社会文化研究——」（於：龍谷大学）、主催は龍谷大学国際社会文化研究所共同研究グループ〈主管〉と社会文化学会西部部会です。開催の趣旨は以下です。

Alte Feuerwache（ケルン）(1998 年9 月17 日)

「社会文化（Soziokultur）は、１９７０年代前半に地方自治体（特に都市）の新しい文化政策の標語として提起され、その後オルターナティブな文化運動として具現化されてきた。今日のドイツでは社会文化を唱える施設・組織は各都市・各州に広がり、１９８０年代末からは連邦政府レベルでも社会文化の振興という課題が市民権を得ている。遅ればせながら、日本においても昨年３月に通常国会においてＮＰＯ（非営利組織）法が成立し12月に施行された。ＮＰＯが二十一世紀にむけての社会文化の重要な担い手になるものと言える。本シンポジュウムの目的は、ドイツにおける社会文化状況および社会文化運動（その担い手としての社会文化センター）についての討論を行うと共に日本における社会文化研究と社会文化運動の今後の可能性を探ることにある」。

報告者とコメンテーターの紹介では、「ケルスティン・ホフさん（ハンブルグ市地域文化協会・社会文化振興連盟機関紙編集・広報担当）はドイツの中でも特に活発に社会文化活動を展開しているハンブルグ市において社会文化活動全般の機関紙・広報の担当です。ウルリッヒ・トールマンさん（建築家）はハンブルク都市建設有限会社の役員でありオルターナティブな都市再開発に精力的に取り組んでいる建築家です。コメンテーターの深尾昌峰さん（京都ＮＰＯセンター事務局長）は、昨年12月に施行されたＮＰＯ法は日本社会に新たな可能性を開くものであり、深尾さんは京都のみならず国内外にわたって広く活躍されています。谷和明さん（東京外国語大学）は昨年設立された社会文化学会の代表でありドイツ社会文化センター等に関する研究を行っています」と記載されています。

このシンポジウムでの開催趣旨の主眼は「日本における社会文化運動の今後の可能性を探る」ことでした。この可能性の具体化として２ケ月後に京都社会文化センターが設立（７月17日）されます。

コラム：「社会文化」の記憶（重本冬水）

1993年4月3日に京都で社会文化工房トポスの会の設立総会を開きました。これに先立っての設立発起人会は1月に京都と東京で開かれています。設立趣意書には「人間的深まりの可能性を合わせもつ社会・文化・精神論的アプローチの〝総合的な工房の場〟が必要とされる時代」と謳われています。季刊『場トポス』創刊号が1993年12月に刊行され、照井日出喜さんは東京編集部代表でしたね。マーティン・ジェイのインタビューが京都（白河院）で行われた時、北見から上洛した照井さんがドイツ語で通訳してくれたことをなつかしく想い起こしています。ドイツ社会文化センターの紹介は『場トポス』第4号（1994年10月）で谷和明さんが「社会文化・ドイツの場合」のタイトルで執筆しました。この時、私は初めてドイツ社会文化センターの活動内容を知りました。『場トポス』は8号で休刊となりました（最終号の編集担当は中村共一さん）。8号に掲載された座談会「不安と暴力の時代を超えて」に宮崎昭さんが登場、中村共一さんは

ドイツからの招聘者を囲んで（1999 年5 月24 日）

京都市中京区三条御幸町南東角1928 ビル＜毎日新聞社京都支局＞正面玄関前。同ビル1 階に同時代ギャラリー（京都社会文化センターNPO 法人設立時の事務所）、地下に関連施設カフェ・アンデパンダン。

司会でした。顔写真入りです。お若い！。１９９６年7月の総会で社会文化工房トポスの会の活動終了が決まりました。わずか3年３ヵ月でした。その後、トポスの会員の多くが翌年10月に発足する社会文化研究会の会員となり会員数は68名でした。『社会文化研究』創刊号（１９９7年12月）は社会文化研究会の編集・発行です。研究会設立趣意書は学会設立趣意書のベースになりました。この主なメンバーは１９９８年9月にドイツ社会文化センターの訪問・調査を実施しました。そして11月に社会文化学会を設立しました。学会設立と同時に日本学術会議への登録手続きを行いましたが、当時、登録には会員数１００名以上および過去の研究活動の実績等の提出という条件が課されていました。前者はクリアしていましたが、研究実績は季刊『場トポス』全8号などを提出しました。当時の日本学術会議は学会推薦での会員選挙であった関係で登録に際しては厳しい審査がありました。東京・六本木の乃木坂駅近くの日本学術会議会議場で登録説明会に出席した際、何回も登録申請しているのに認められない学会の方々が参加されていました。登録に関する疑問が多く出されていたことを記憶しています。認められるか心配になりました。申請後数ヶ月で認可の通知がきました。学会推薦制度が２００５年になくなるまで会員選挙に関わりました。なお、社会文化学会の関連学会の第1希望は社会学ということで申請しました（第2希望は哲学、第3希望は教育学だったと思います）。市民科学京都研究所のメンバーの多くが関わった社会文化工房トポスの会と季刊『場トポス』の記憶が薄れない前に書き置きました。市ヶ谷駅近くの発行出版社・こうち書房代表の加藤豊さんと編集者の松坂尚美さんは今どうされているのでしょう。近くのおいしくて安い半地下の中華料理店に一緒によく行きました。これも「社会文化」の記憶です（「市民科学通信」23号、ＮＧＯ市民科学京都研究所、２０２２年4月より転載、なお冬水は重本直利の筆名）。

第2章

前期活動史：1999年7月―2009年2月

重本直利

◆ＮＰＯ京都社会文化センター設立（1999年7月）、自主管理的・主体的な社会活動の場を創る。
◆特定非営利活動法人京都社会文化センターとして法人認証（2000年1月）、京都市内三条御幸町南東角1928ビル〈毎日新聞社京都支局〉1階同時代ギャラリーを事務所としてスタート。
◆教育事業、出版事業、国際交流事業、文化芸術事業、市民メディア支援事業の5事業で、出版事業は『IT社会の構造と論理』、『社会文化研究』6号～13号の発行、国際交流事業は韓国（「文化の家」など）とドイツ、市民メディア支援事業は「京都コミュニティFM開局」を目指す。
◆「5・18光州民主抗争20周年、平和と人権を考える」開催（2000年5月30日―6月4日、京都）、「社会文化運動の韓日比較研究」共同研究会（2001年2月、京都）、光州5・18の式典に招待訪問（2001年5月、光州）、釜山民衆抗争記念館・李相録氏の招聘（2002年3月、京都）、「光州の記憶から東アジアの平和へ」京都展開催（2005年12月13―25日、京都市美術館）。
◆教育事業は2005年3月開設の京都自由大学への支援事業。
◆文化芸術事業として京都シネマ（四条烏丸）との共同事業。文化庁補助金の申請（2007年―）。ドキュメンタリー映画「未来世紀ニシナリ」上映（2008年）。
◆新たに研究事業として京都社会文化センター付属の市民科学研究所を設置（2009年1月）。

1999年7月17日、NPO京都社会文化センター設立（京都）

設立趣意書は以下のように書かれています。

「八十年代以降の商業ベースに取り込まれたポストモダン的表現・文化活動が、企業社会日本のバブル崩壊とともに表舞台から去った後、それに代わる社会文化が育たないまま『表現』そのものが現在も質的・量的に萎縮し続けています。そればかりかバブル崩壊後の九十年代不況において市場原理と受益者負担思想は一層広がり、商業ベースは依然として日本における社会文化をその内側から拘束し萎縮させ豊かな社会文化の可能性を摘み取っています。また、日本の社会や教育に関わる問題事象のかなりの部分も、この表現の萎縮あるいは表現のための教育の不足ないし欠如に起因しているのではないでしょうか。

具体的には、美術、音楽、演劇、舞踏、映像、文学、教育、思想などの分野における表現・実践活動は、商業ベースにのるもの以外にも実験的、意欲的、コンテンポラリーな表現の傾向を強くもち、現在も多くの困難をかかえながらも続けられています。また、社会文化はこうした文化表現活動のみならず社会諸問題に対する様々な表現・実践活動をも含んでいます。日本においては、こうした社会文化活動に費やされるカネ、時間、人、情報といった負担は表現・実践者自身と善意の個々人の活動・事業に依存する場合が多く、この現状のままでは、表現・実践活動の継続が難しく将来への可能性が閉ざされてしまうことになります。とりわけ、若い人達にとっては、カネ、時間、人、情報の諸負担が文化表現・実践活動そのものの質、量を直接に左右することにもなっています。また、例えば、商業ベースにのらない劇場や画廊は、その経営を支える個人ないし個人企業規模の法人といった個人レベルで担われており、そのことによる限界や問題が常につきまとい、休止・閉鎖が繰り返されています。

日本の現状は社会文化の豊かさを持続させ自主管理的で主体的な社会文化活動の継続的な蓄積がなしえない現状にあります。市民の創造的かつ非営利的表現・

実践活動の継続性と発展性が保障されなければ、表現・実践意欲が喪失し表現・実践者としての成長も阻害されかねません。現在、商業ベースの社会文化は市民の自発的社会文化の可能性のごく一部しか実現できているに過ぎません。自主管理的で主体的な社会文化活動の場を作ることによって、商業ベースと行政主導の管理の下で一種の窒息状態になっている社会文化活動を救わなければなりません。子供を含めて若者そして高齢者も含めた多様な年齢の人達に開かれた社会文化活動の場の確保が現在強く求められています。社会文化形成の場の経営が個人の善意にのみ委ねられるのではなく、持続性のある組織によって、営利を目的とせず非営利目的の事業として運営されるならばこの課題は少しずつ解決の糸口が見いだせるのではないでしょうか。

　こうした想いでＮＰＯ京都社会文化センターを設立したいと思います。この京都で個人や団体が発する多元的な表現の質的・量的充実を支援する組織が生まれ、事業として推し進めていくことが可能となるならば、他の都市や地域の社会文化運動の先進的事例ともなることができると考えます。私たちは新たな社会文化形成の場となるＮＰＯ京都社会文化センターを設立します。多数の方々のご参加をお願いする次第です」（１９９９年７月17日、ＮＰＯ京都社会文化センター設立総会）。

最初の事務所（1928 ビル1 階）

私たちは、「自主管理的で主体的な社会文化活動の場を作ることによって、商業ベースと行政主導の管理の下で一種の窒息状態になっている社会文化活動を救わなければなりません」との思いで新たな社会文化形成の「場」としてNPO京都社会文化センターを設立したのです。

法人設立年度の取り組み

2000年1月21日、NPO法人認証、2月3日法人登記（付録：関連データ・資料①②⑤参照）

・設立時の目的と主な事業

本NPOは、京都の社会文化の育成および文化交流を通した町づくりを目的とし、そのために下記のような事業を行う。

①教育事業（語学・NPO・実務・文化などの講座、文化講演会など）
②出版事業（ブックレットなど書籍の発行）
③国際交流事業（ドイツ、韓国など）
④文化芸術事業（写真展、版画展、絵画展、映画、演劇など）
⑤市民メディア支援事業（コミュニティFMの運営支援）

・設立当初の主な協力関係団体

①NPO法人洛西文化ネットワーク（RCN）
②社会文化学会（日本学術会議第18期学術研究登録団体）
③コミュニティFM京都
④西濃社会文化協会
⑤韓国・光州市民連帯
⑥ドイツ・ハンブルグ社会文化センター“Motte《モッテ》”

・3月、社会文化共同研究報告会（龍谷大学）。
・5月、〝5・18光州民衆抗争〟20周年、平和と人権を考える

「光州週間」（2000年5月30日―6月4日）in京都（写真展、ドキュメンタリー・ビデオ、ライブ・コンサート、講演会）の開催。

〈開催にあたって〉

戦争・大量殺戮の二〇世紀を経験した人類は、

社会文化 SOZIOKULTUR

2000年3月24日（金）／25日（土）於；龍谷大学

Stadtteilzentrum „Motte“

◆国際社会文化研究所共同研究報告会

主　　催；龍谷大学国際社会文化研究所共同研究重本G　協力；社会文化学会
2000年3月24日（金）　13：30～17：30
場　　所；龍谷大学瀬田キャンパス・ＲＥＣ棟210会議室
（ＪＲ琵琶湖線・瀬田駅下車帝産バス龍谷大学行きで10分）
共通テーマ；「社会文化運動の国際比較研究」
・ドイツ報告；「社会文化センター」　谷　和明（東京外国語大学）
・韓国報告；「文　化　の　家」　吉田正岳（大阪学院大学）
・イギリス報告；「チャリティー」　馬頭忠治（鹿児島経済大学）
・補足報告；「地域通貨とコミュニティー」　重本直利（龍谷大学）

◆社会文化学会春季研究例会

主　　催；社会文化学会西部部会
2000年3月25日（土）　13：30～17：30
場　　所；龍谷大学深草キャンパス・紫英館6階会議室
（京阪・深草駅西へ3分、ＪＲ奈良線・稲荷駅西南へ7分、地下鉄・くいな橋東へ10分）
・「日　本　人　と　定　型」　金貞禮（全南大學校人文科學大學）
・「相続慣行の変遷ー姉家督からー」　藤田道代（大手前女子短期大学）

※いずれも公開研究会で事前の申し込みは不要です。専門研究者、会員以外の方もご参加下さい。

問い合わせ先：龍谷大学経営学部重本研究室・TEL075-645-8630
e-mail：a97003as@ryukoku.seikyou.ne.jp　龍谷大学HP：http：／／www.ryukoku.ac.jp

2000 年 3 月 24 日、25 日の共同研究会の案内チラシ今二十一世紀を直前にしてもなお内乱、紛争、戦争の惨禍に多くの人々が巻き込まれているという状況下にあります。日本国内においても平和とは言いがたい問題・事件が多発し人権が問われるという状況下にあります。

20年前の1980年5月、韓国西南部の中心都市、光州では韓国現代史の中でもっとも悲惨な事件が起こりました。前年10月26日におきた朴正熙大統領暗殺事件の後、12月12日に粛軍クーデターが起こり、これに始まった政権奪取の陰謀は、光州市民の貴重な生命を奪いました。1980年5月15日、光州市民は韓国国旗を先頭に秩序正しく街頭行進し、また夜には学生の平和的な松明行列が行われていました。その後、光州市民は光州を制圧しようとした戒厳軍と激しく闘わざるをえなくなりましたが、多くの市民の参加の中で軍隊を圧倒し20日には軍を撤退させました。しかし、軍隊は態勢を整え圧倒的な武力をもって再度光州市民を襲い銃弾によって組み伏せました。多くの光州市民の血が流されました。最後の抗争を市民に知らせるために夜明け3時まで広報車に乗って市内全地域を回った朴英順と李慶姫の次の言葉が今もわれわれの心に訴えかけています。

「市民の皆さん、いま戒厳軍が攻めて来ています。われわれの愛する兄弟姉妹が戒厳軍の銃弾に倒れ、死んでいっています。私たち皆が力を合わせて、最後まで戒厳軍と闘いましょう。わたしたちは光州を死守する覚悟でいます。わたしたちは最後まで闘います。市民の皆さん、どうか私たちを忘れないでください……」（光州広域市5・18資料編纂委員会、金貞禮・佐野正人訳『5・18光州民衆抗争』1999年5月、136頁より）

この平和と人権のための闘いはその後の韓国の新たな民主化運動の出発点となっていきました。翻って日本のわれわれの平和と人権の闘いとは一体どのようなものであったのか、また今後どうあるべきなのか。あらためて考えさせられます。光州民衆抗争20周年を期に、写真展、ドキュメンタリー・ビデオ上映会、ライブ・コンサート、講演会をこの京都の地で開催致します。光州市民の闘いを忘れないためにまた私たちの明日を切り開くために。

今回の開催にあたっては東京の光州民衆抗争写真展実行委員会および立命館大学の徐勝先生のお世話になりました。記して感謝申し上げます。

２０００年５月

特定非営利活動法人京都社会文化センター

特定非営利活動法人洛西文化ネットワーク

〈光州週間の開催内容〉

・５月30日―６月４日、「〝５・18光州民衆抗争20周年、平和と人権を考える〟」写真展、ドキュメンタリー・ビデオ「光州民衆抗争」上映（同時代ギャラリーにて、京都市中京区三条通り御幸町角１９２８ビル１階）

・５月30日、イ・ジョンミ（李政美）ライブ・コンサート（カフェ・アンデパンダン、同上ビル地下）

・６月３日、講演会：「〝光州〟を考える、徐勝先生、金貞禮先生、長志珠絵先生を囲んで」（同時代ギャラリー）

・８月、〈「光州週間in京都」（２０００年５月30―６月４日）を終えて〉（付録：関連データ・資料⑥参照）

「光州週間in京都」は予想を超えるたくさんの参加者を得て成功裏に終了することができました。この期間における確認された参加者数は８９７名です（未確認者数を含めると総数は１０００名を超えたと考えています）。また、李政美ライブ・コンサートには１３０名、講演会には70名の参加を得ました。ライブは、会場を満席にし、李政美さんのすばらしい声と歌と共に、飛び入りもあり大いに盛り上がりました。また、講演会は当初30名を予想していましたが、70名の参加を得て、会場は立錐の余地のない状況となりました。金貞禮先生、長志珠絵先生、後半に駆けつけてくれました徐勝先生のお話しに熱心に聞き入った参加者は、平和と人権の闘いの歴史と体験に多くを学ぶことができました。金先生が紹介された「ニムのための行進曲」の〝恋も名誉も名もなく一生涯闘おう、熱い誓い〟に始まり、〝先に闘う、生きている者よついてきて〟に終わる歌は全員で合唱しました。歌は今も心に残ります。

隣国である韓国での民主化運動は私たち日本における社会状況を考える上で、様々な貴重な教訓を与えています。「光州市民の闘いを忘れないために、また私たちの明日を切り開くために」の私たちの呼びかけは、引き続き、韓国と日本の市民レベルでの交流を進める中で、東アジアの平和と人権の確立に貢献できればと願うものです。私たちは、戦争・大量虐殺の二十世紀に終わりを告げ、輝かしい二十一世紀の幕開けを準備したいと思います。

ＮＰＯ法人京都社会文化センターとＮＰＯ法人洛西文化ネットワークの共催として開かれた今回の取り組みは、市民の自発的・自主的な活動を意味するものであり、また平和と人権の問題として取り組んだことも、日本のＮＰＯのひとつの方向性と在り方を示唆したものと言えます。自発的・自主的な市民活動の推進および平和・人権問題への取り組みは今日の日本社会の切実な課題と言えます。そこにおけるＮＰＯの役割は日本社会を変えていくための新たな可能性を示すものと確信します。

最後になりましたが、この取り組みに積極的に参加していただいた学生の皆さん、また様々な形で「光州週間」の成功に尽力していただいた関係者の皆様に心より御礼を申し上げます。

２０００年８月１日

特定非営利活動法人京都社会文化センター

特定非営利活動法人洛西文化ネットワーク

・８月、「ＮＰＯ京都社会文化センター通信」第１号発行

・８月28日—９月２日（光州、釜山訪問）、「過去、現在、

未来を見据えた市民レベルでの韓日交流の発展のために」（付録：関連データ・資料⑦⑧参照）

・10月1日、フォーラム「市民がつくるＮＰＯコミュニティＦＭの可能性」（於：キャンパスプラザ京都、きょうとＮＰＯセンター、大学コンソーシアム京都との共催）

２００１年度―２００８年度の主な取り組み

２００１年２月、光州市民連帯代表の羅看采さん（全南大學校教授）と光州「文化の家」の金淏均さん（光州市北区「文化の家」常任委員）との交流（於：龍谷大学）

テーマ「社会文化運動（市民運動）の韓日比較研究」

・5月、韓国・光州招待訪問（洛西文化ネットワークとの共同参加交流事業）、京都社会文化センターの参加者は5名、洛西文化ネットワークの参加者も5名、計１０名の訪問団となった。光州では最大級の接待を受け（国家行事でもある5・18の式典では来賓として厚遇された）、充実した4日間となった。今回の訪問は市民連帯との今後の交流の一歩と言える。

・10月、演出家・金相秀（キム・サンス）先生を囲む会（１９２８ビル1階、三条ラジオ・カフェ）

テーマ「韓国の演劇事情と今回の大阪公演について」

・11月、テーマ「韓日における『市民社会』の方向性を探る」の下、韓国参与連帯事務総長・朴元淳さんとの交流。

２００２年３月14日―17日、釜山民衆抗争記念館・民主主義社会研究所・李相録さんの招聘・交流（付録：関連データ・資料⑨参照）。

・3月11日、龍谷大学国際文化研究所共同研究（重本グループ）主催の報告会テーマ「韓国における『文化の家』と社会文化運動（市民運動）の課題」（於：龍谷大学深草学舎）の協力団体として参加。

・6月10日、出版事業として『ＩＴ社会の構造と論理』を発行（発売は晃洋書房）。

・8月、京都市市民活動支援センター（仮称）の管理を受託するための京都市への応募申請の取り組み、NPO法人京都社会文化センターとNPO法人洛西文化ネットワークの共同申請(結果は不採択)。

〈市民活動センター管理に関する基本的な考え方(NPO法人京都社会文化センター)〉

　市民活動および市民事業を支援することを通して、市民参加を促進し、地域社会にに貢献する。そのためには市民活動団体およびボランタリーな個人を含む諸活動を促進させ、そこで従事する市民の当事者意識を高める必要がある。地域住民、市民が地域形成の主体として参加するという地域文化を育成する必要がある。

光州招待訪問

欧米に比べ、隣国の韓国に比べても、市民の自主的・自発的な社会参加とその社会的役割のウエイトが低いのが日本の現状である。民主主義社会の内実を具体化する上でも市民参画型地域社会および男女共同参画型地域社会の形成に資する取り組みが求められている。センター管理は、管理を上からの管理ではなく、支援（サポート）であり、コーディネートである。あくまでも主体はセンターに参加する団体・個人である。ただ、困難な局面および改革の局面においては、センター管理は一定のリーダーシップを発揮することも必要である。特に、市民活動およびＮＰＯ活動の初期的とも言える現段階では、この点が必要となる。

市民活動への支援のみならず市民事業支援の側面が今後重要となる。事業とは、より継続性をもった活動である。当然に実務面での能力、マネジメント能力が重要となってくる。具体的には財務、法務、組織などの面での能力向上のための支援である。一過性の活動がこれまで日本の市民活動に多く見られるが、「継続は力なり」の考えの下、事業支援が今後一層重要となる。

当面（ここ数年）は、財務・法務・組織の基礎知識を身に付けられるようにセンターとしては支援活動をすべきであろう。また、センターが市民活動・事業の参加者の「場」として機能させる必要がある。「場」とは単に物理的な空間をさすだけでなく、文化・コミュニケーションの空間として形成させる必要がある。気軽に参加でき、また活動・事業にとって有意義な「場」として認知されなければならない。文化空間としての「場」づくりがセンター管理の最重要な課題であろう。

・10月、朝日シネマの存続を願う大学関係者有志の会アピールの取り組み（付録：関連データ・資料⑩参照、なお朝日シネマの支配人であった神谷雅子さんは当時京都社会文化センターの文化芸術事業担当理事でした）

２００５年３月５日、京都自由大学開校記念シンポ（於：ひと・まち交流館）

・3月11日､京都自由大学第1回講座､徐勝さんの「韓国民衆文化について」（於：１９２８ビル京都三条ラジオカフェ）

・12月13日―25日､「光州の記憶から東アジアの平和へ」京都展開催

会場：京都市美術館、出品作家：7名
主催：「光州の記憶から東アジアの平和へ」京都展実行委員会。
共催：ＮＰＯ法人京都社会文化センター、ＮＰＯ法人洛西文化ネットワーク。
後援：京都府、京都市、立命館大学国際平和ミュージアム、龍谷大学教職員組合、光州市立美術館など18団体。

・12月17日、洪成潭氏ギャラリートーク（於：展示会場）。

〈関連企画事業〉

・12月19―25日、「私は光州を知らない」展（京都市美術館別館1階）。

・在日朝鮮人芸術家を中心とした美術家集団、AREUM Art Network のメンバー6名による空間造形（インスタレーション）。

・12月13―20日、洪成潭版画展「仕事と遊び（일과 놀이）」（堺町ギャラリー）。
１９８６年、光州で組織された美術団体「仕事と遊び」が、民衆の日常の生活をテーマに行った芸術活動の時期の洪成潭画伯の作品を中心に展示し、作品の即売を行う。

・11月5日、龍谷大学教職員組合創立40周年記念企画「平和と人権」シンポジウム「東アジアの平和と人権――日本の課題――」（龍谷大学深草キャンパス）。

・12月16日、光州事件から25年、韓国の民衆画家・洪成潭さんが語る「平和と芸術」（立命館大学アートリサーチセンター）。

・12月29日、〈ＮＰＯ法人京都社会文化センター事務局からの総括と方向性〉

　これまで、京都社会文化センターは、二つのＮＰＯの立ち上げに貢献してきました。一つは、ＮＰＯ市民メディアとＮＰＯ京都自由大学の設立です。今、それぞれのＮＰＯは独自に進んでいます。あらためて京都社会文化センターの存在理由を考える場合、今後も、京都の社会文化の形成・発展のために、あらたなＮＰＯの立ち上げを支援し貢献するNPOであり続ける。他方、NPO京都社会文化センターは、本来、ドイツ社会文化センターの理念の日本における具体化として立ち上げた原点を再度確認し、限られた力量の範囲内で以下を中心に取り組むことにしたい。引き続き出版事業を進める。これまでの単行本の刊行および社会文化学会年報『社会文化研究』刊行の発行元に加え、独自に社会文化関係のブックレット版の刊行に取り組む。この出版事業と平行して、先の光州事件25周年京都展の共催は別として、現在、中断しているドイツ社会文化センターの国際交流事業として、ドイツ社会文化センターおよび韓国市民運動との連携を継続する。これらの国際交流事業を、社会文化学会との共同で取り組む。なお、NPO法人洛西文化ネットワークとは、韓国・光州市民連帯との共同事業を引き続き推進する。以上を推進する場合専門家の全面的な協力を得る。２００６年度からこの二つの事業の推進を強化するため、京都社会文化センターの理事会体制の確立を考える。

２００７年3月、「文化庁『日本映画・映像』振興プラン映画関連支援事業」の取り組み

〈趣旨〉多様な作品を鑑賞する機会に恵まれない地域での上映活動および公開する機会に恵まれない優れた日本映画の上映活動を支援する事業とし、洛西地域、京都地域で、「優れた映画」を上映することによる地域文化の醸成。

〈経緯〉NPO法人京都社会文化センターでの文化事業の一つとして映画事業支援が数年提案されてきたが実施に至らなかった。今年、1月28日の総会で、京都シネマ代表の神谷雅子さん（同NPO会員）から文化庁の支援事業が提案され実施に向けて取り組むことが決まった。NPO法人京都社会文化センターとNPO法人洛西文化ネットワークとの共同での取り組みとし、神谷さんと横地さん（劇場支配人）と内容について話し合い、文化庁への補助金申請はNPOが行うことになった。

２００８年7月12日—13日、連続シンポジウムおよび映画上映会の開催。

・龍谷大学社会科学研究所・重本プロジェクトの連続シンポジウムを開催、この連続シンポジウムと関連するテーマで、両日の20時から、ドキュメンタリー映画「未来世紀ニシナリ」を、京都シネマ（烏丸四条、ＣＯＣＯＮビル３階）にて開催。京都での劇場初公開。上映会の主催はＮＰＯ法人京都社会文化センター。

第3章　後期活動史：2009年3月―2023年5月

重本直利

◆2009年3月、京都社会文化センターとしてはじめて「場」を確保、下京区油小路通松原下ルの町家（付録：関連データ・資料⑪⑫⑬参照）。

◆2010年度連携団体は、NPO法人京都自由大学、「韓国併合」100年市民ネットワーク、NPO法人日本希望製作所、京都経済短期大学、京都シネマ、NPO法人洛西文化ネットワーク、学術人権ネットワーク、国際人権A規約第13条の会など12団体。一部団体事務所を京都社会文化センター内に置く。

◆教育事業として、書評サロン、ともいき塾（2022年度で100回を超える）、「町家キャンパス」の京都自由大学講座、ハングル講座、英会話講座、松原京極商店街関係者の講座など。

◆出版事業として、年報『市民の科学』、年報『社会文化研究』、叢書『京都自由大学のひとびと』の発行。

◆2015年度施設使用団体は、市民科学研究所、京都自由大学、社会文化学会、労働組合法人全国大学人ユニオン、大学評価学会、松原京極商店街振興会、日本希望製作所、大学オンブズマンなど。

◆文化芸術事業として、映画上映会、祇園祭の夕べ、町内会主催地蔵盆、商店街主催イベント、ライブコンサート、町家ギャラリー（三島倫八油絵展、藤本里香水墨画展、照井日出喜写真展、三宅正伸活動写真展）。

町家センター（京都社会文化センター）
開設年度の主な取り組み

2009年3月20日、NPO法人京都社会文化センター京町家オープニング行事兼NPO法人京都自由大学京町家学舎開設記念春期特別講座。テーマ：「今、あらためて多文化共生を考える」記念講演Ⅰ：田中宏さん（龍谷大学教授）「多民族共生、私の視点」、記念講演Ⅱ：岡真理さん（京都大学准教授）「ガザとパレスチナ問題」、オープニングパーティー（記念演奏"Kokkin Band in Kyoto"ほか）。

・4月、京都自由大学「町家キャンパス」として開校（以後、2019年1月まで講座開講。NPO法人京都自由大学はNPO法人京都社会文化センターと共に、町家センターにおける事業展開の共同運営・責任を担う。

・4月―6月、コリア語講座10回開催（参加人数は延べ46名）

・5月、日韓NPO市民交流。

・7月―9月、特別講座の開設。8月特別講座シリーズのテーマは「日本の戦争責任をあらためて問う」、9月は映画鑑賞（京都シネマで「フツーの仕事がしたい」）とセッ

京都社会文化センター町家開設（写真提供・三宅正伸）

トの特別講座、そして特別講座「京都の行政連続講座」。

・地域住民に開かれたセンターとして「地域新聞」(京都社会文化センター編集) を発行。

・9月5日・6日、京都シネマ (四条烏丸COCONビル3階)、土屋トカチ監督のレクチャー付き上映会 (主催:NPO法人京都社会文化センター) ドキュメンタリー映画「フツーの仕事がしたい」(70分)。「フツーの仕事がしたい」…状況の差こそあれ、心のなかでそうつぶやいたことのある人は多いだろう。本作は、数値的にみれば明らかに「フツー」ではない労働環境に身をおく主人公が労働組合の力を借りて、「フツーの仕事」を獲得する過程を描くドキュメンタリーである。この主人公の労働環境は特別ひどいケースでありながらも、どこを切っても、いまこの社会を生きる自分につながっていると思わせる (「フツーの仕事がしたい」広報チラシより)。

〈開催趣旨〉

今日における「格差」・「貧困」問題、長時間労働、過労死、非正規雇用、日雇い派遣などの具体的問題は、日本社会における社会的関係性のあり方を根本から問いかけている。この間の「新自由主義的経営」は労働環境を大きく変化させ「格差」・「貧困」問題を極限までつき進めてきました。どのようにこの課題に対処するのかの具体的な取り組みが迫られています。ドキュメンタリー映画「フツーの仕事がしたい」はそれに真正面から向き合い、私たちを突き動かすメッセージが伝わります。時代を切り開くための必見の作品です。

・12月、日韓自治体公務員交流。

2010年度―2014年度の主な取り組み

2010年7月、書評サロン開設。

・8月、日韓NPO市民交流。10月、韓国麗水地域児童センターとの市民交流。11月、韓国水原市役所職員との交流。

２０１１年7月、町家での将棋教室の開催。

２０１２年3月、京都自由大学叢書『京都自由大学のひとびと』の刊行（編集・発行所：京都社会文化センター出版局）。

２０１３年4月、ともいき塾スタート。

・7月、祇園祭協賛京都社会文化センター・フェア。市民科学研究所主催「山城国一揆から〝we are the 99%〟へ」（講演と『市民の科学』第6号出版記念パーティー）、京都社会文化センター主催「祇園祭の夕べ」。映像教育研究会と京都社会文化センター（ともいき塾）共催「もちより映像祭」、慰安婦問題・金東元監督作品（２００８年）「ドキュメンタリー・終わらない戦争」（60分）など。

２０１４年2月、映画「我々の共同抵抗」上映会。この映画は２０１１年3月11日のフクシマでの大原発事故をきっかけとして２０１１年３月のハンブルク市アルトナ区オッテンゼン地区文化センターMotte《モッテ》とともにアルトナ区で活動する市民運動団体が制作した。この案内文には、「原子力犯罪が増殖できたのは、特に、自然的な成長には無縁の存在である経済成長に対する誤った信仰の故である。資本の水泡の不断の拡張とともに狂気にもさらに駆り立てられる。ところが、政治家たちは止めどなき浪費を伴う成長を強化するという救いがたい愚行を促進している」と書かれています。

・8月、「本当のフクシマ」写真展開催。

〈案内文〉

「福島の子ども達に甲状腺がんが異常多発！『福島県民健康管理調査』で89人の子どもが小児甲状腺がんと発表されました。福島原発はコントロールされている状況ではありません。4万ベクレル／㎡、この数値を超えると『放射線管理区域』で、本来、一般の人は立ち入りできない区域です。放射線業務従事者であっても水を飲むことも許されない区域です。しかし、そのような区域に、１０００万人の人々が住んでいるのが現状です。何かできることを――！」。

・11月、「町家カフェ・ぽから」のオープン。

※２０１４年度町家センターの主な使用状況を記載した日程表（付録：関連データ・資料⑭参照）。

町家センターの運営の変更と事業展開の困難性

２０１５年1月、ＮＰＯ法人京都自由大学との共同事業運営の今後のあり方について

京都社会文化センターと京都自由大学は、２０１５年度から「ゆるやかな連携関係」となりました。これまで町家の家賃および運営に両者は共同責任を果たすという前提で進められてきましたが、この「前提」と「現状（実態）」との間に大きな乖離が生じてきたことから、この関係を解消し、「ゆるやかな連携関係」（京都自由大学は、社会文化学会、全国大学人ユニオンなどの諸団体との関係性と同じ）となりました。これに伴いＮＰＯ法人京都社会文化センターが町家の単独運営および運営責任を担うことになり、同時に現行の家賃の支払いは極めて困難となりました。２月６日に管理会社に家賃の大幅減額の申し入れをし、大家さんと交渉していただきました。後日、了解とのご返事をいただき、町家センターは継続となりました。

２０１５年度以降の主な取り組み

２０１５年7月、ＮＰＯ法人京都社会文化センター主催「祇園祭の夕べ」。〈宵々山〉市民科学研究所主催。『市民の科学』第8号出版記念会。京都社会文化センターともいき塾の開催。〈宵山〉大学オンブズマン「研究者の権利問題を考える集い」※裁判で闘ったゲストを招く。社会文化学会第18回龍谷大会準備会合の開催。

２０１６年1月、町家におけるインターネットサービス活用提案。京都社会文化センターウエッブサイト開設、町家管理表の共有化など（岡部拓哉会員より）。

・12月、第1回三島倫八個展（油絵）。

２０１７年10月、藤本里香個展（水墨画）。

２０１８年1月、竹内貞雄さんを偲ぶ会。
・2月、第2回三島倫八個展（油絵）開催。
〈第2回三島倫八個展（油絵）開催にあたってのメッセージ〉

三島倫八さんの個展にお越しいただきありがとうございます。作者の油絵は独自の風情を醸し出し、その印象深い作風に私たちは共感いたしました。２０１６年12月に個展を開催し多くの方にご参加いただきました。あれから1年余が過ぎ、三島さんの油絵創作は一層活発となり、また新たな作風での作品が誕生しました。第２回個展を三島さんに提案し、ご快諾をいただきました。ごゆっくりとご鑑賞いただければ幸いです。また、今回の個展も、前回と同様、京都社会文化センター（町家）の運営支援のための展示でありますとともに、この間、「町家ギャラリー」として知られ、市民の皆さんのコミュニケーションの場として引き続き取り組んでいきたいと思っております。よろしくお願い申し上げます。

・6月、ＮＰＯ法人京都社会文化センター緊急拡大理事会

町家契約の満期（２０１９年2月末日）と更新手続きについて、現在の事業内容（使用諸団体5団体を含む）の現況を確認し、京都社会文化センターの財務状況、京都自由大学および市民科学研究所の財務状況等についての議論を行なう。この議論を経て、大家さんからの２０１９年3月から提示された更新の家賃額の支払いの検討を行いました。２０１５年4月からの暫定家賃から元の家賃額に戻すという大家さんの提示に対しては、当然のことと認識しつつも支払いはかなり難しい状況にあることを確認しました。引き続きの契約継続を希望していることを管理会社を経て大家さんに伝えましたが、家賃を元に戻して支払うことは現在の財務状況からみてかなり難しいと判断せざるを得ない。結論として、２０１９年2月末日の満期をもって町家の契約を終了せざるを得ないとなった。

今後、ＮＰＯ法人京都社会文化センターの登録上の所在地は理事の自宅等を検討する。市民科学研究所の所在地はあらためて検討する。京都自由大学は、２０１９年度の開講の検討を含め、新たな会場および「持続可能な組織体制」を京都社会文化センター理事会とともに検討する。この他の使用団体（大学評価学会、社会文化学会、全国大学人ユニオン等）は、在庫本・備品等を２０１９年２月末日までに撤収していただく。

・7月、三島倫八（油絵）・照井日出喜（写真）合同展（祇園祭協賛）開催。

２０１９年2月、「町家お別れイベント」開催。

〈メッセージ〉

２００９年3月から町家を京都社会文化センターとして開設して以来、早10年という月日が過ぎました。様々な取り組みがなされ、また多くの市民団体等が参加されました。２０１９年２月末日で京都社会文化センターを閉じるにあたって「町家お別れイベント」を次の内容で開催することにいたします。

これまで「活動写真」を撮り続けてこられた京都社会

三島倫八（油絵）・照井日出喜（写真）合同展

文化センター事務局長の三宅正伸さんの「町家のドキュメンタリー写真展」、またこの数年「町家ギャラリー」として取り組み、特に油絵画家の三島倫八さんには貴重な風景画の展示を三度開催させていただき多くの方にお越しいただきました。あらためて御礼申し上げます。このお二人の展示に加えて、町家での活動終了にあたり、多くの方々から寄贈いただいた貴重な品をフリーマーケットとして開催いたします。近隣地域の方々をはじめ多くの方々のご参加をお願い申し上げます。

・2月、大学オンブズマン・龍谷大学李洙任先生を支援する全国連絡会事務局をNPO法人京都社会文化センター事務所内におく。

・2月、三島倫八（油絵）展、三宅正伸「ドキュメンタリー写真展」（町家お別れギャラリー展）開催。

・2月末日、町家撤退。

・11月、韓国光州訪問・調査（市民科学研究所との共同）。

2020年度から新型コロナの感染拡大で一部の活動を除き休止状態。

※コロナ禍の中でも「ともいき塾」（2013年4月開講）は定例月例会を継続開催し2022年度で100回を超える。

2023年1月29日、篠原三郎先生を偲ぶ会。

・1月29日、NPO法人京都社会文化センター解散総会（於：京都社会文化センター事務所）。

・2月4日、任意団体・NGO京都社会文化センター「申し合わせ事項」の確認（付録：関連データ・資料⑮参照）。

・5月18日、京都法務局で清算結了登記。

・5月26日、京都市へ解散に係る清算が結了した届出。

第Ⅱ部　京都社会文化センターの諸活動

第4章

若者の「学びと実践の場」としての京都社会文化センター

——京都経済短期大学・藤原ゼミ「町家カフェ」の実践——

藤原隆信

1. はじめに

京都社会文化センターは、京都の社会文化の育成および文化交流を通した町づくりのための活動（各種イベントやワークショップ、講座など）を展開することで、参加者に学びや交流の場を提供し、地域コミュニティの活性化や異なる世代間の交流に貢献してきました。ここでは、そのような活動の事例として、京都で学ぶ学生が「学びと実践の場」として京都社会文化センター（京町家）を活用し、地域の方々と交流を深めた活動について紹介することにします。

2. 京都経済短期大学・藤原ゼミ「町家カフェ」の実践

京都経済短期大学・藤原ゼミは「社会貢献ビジネスの研究」をテーマに、文献講読と実践活動を行い、社会貢献ビジネスに関する実践的な学びを進めていました。ここでは、２０１３－２０１４年度のゼミ生（Mさん：女子学生）が中心となって取り組んだ「町家カフェ」の実践活動について紹介することにします。

（1）Mさんの夢と短大での学び

Mさんは、京都市内の高校から京

都経済短期大学に入学してきました。大学1回生の後期（2013年9月）から藤原ゼミに所属し、社会貢献ビジネスに関する学びを進めていました。

そんなMさんの将来の夢は「自分のカフェを持つこと」で、短大入学前から持ち続けていたようです。また、彼女が提出した「ゼミ登録カード」（ゼミ選択時に提出するもの）には、ゼミ選択の理由として「何らかの形で社会に貢献したい」と記入されていました。「自分のカフェを持ちたい」という夢を持ち、「社会に貢献したい」という想いを抱いて短大での学びを始めたようです。

彼女は1回生の秋から藤原ゼミに所属し、「社会貢献ビジネス」に関する学びを進めました。文献購読で知識を身に付け、視聴覚教材等で具体的な事例を学び、社会起業家を招いた講演会では実践家の「生の声」を聞いて学びました。

また、藤原ゼミでは、夏期休暇を利用して世界最貧国の一つであるネパールを訪問し、現地の子ども達に文房具を届ける活動（「ネパール教育支援活動」）を実施していました。彼女もこの活動に参加し、ネパールの子ども達一人ひとりに文房具を直接プレゼントしました。この活動を通じて彼女は、途上国支援の重要性を理解すると共に、「社会貢献ビジネス」の本質について考える機会を得ることになりました。帰国後に提出した感想文によれば、この活動を通じて「経験すること（実体験）」の大切さを知ると共に、「やりたい事は、思い切ってやってみる」こ

との大切さを実感したようです。

またMさんは、プロジェクト演習（「2014地域と大学の共生プロジェクト」）という活動にも参加しました。この活動は、急速な高齢化が進展する「洛西ニュータウン」で地域の方々の「居場所づくり」や「繋がりづくり」を行う取り組みです。この活動を通じて彼女は、「地域の居場所」づくりの大切さを学ぶと共に、地域の高齢者の方々から自身の「夢」の実現に向けた色々なアドバイスを貰ったようです。

「自分のカフェを持ちたい」という夢を持ったMさんは、地元のカフェでアルバイトをしていました。アルバイト先の店長は、「人を笑顔にさせる料理・会話・空間」を提供しており、彼女自身もこのようなカフェ経営をしてみたいと思うようになったようです。

また個人的な趣味として「カフェ巡り」をしていたようで、京都を中心に色々なカフェを訪れながら、自分が将来開くカフェのイメージづくりをしていたようです。

これらの「学び」を経験したMさんは、卒業まで残り半年となった2014年の秋に「自分にやれることを、思い切ってやってみよう！」と感じたようです。それが、次に紹介する「町家カフェ」の実践でした。

(2)「町家カフェ」の実践
――「実践」を通じた学び――

藤原ゼミでは、2014年秋から「町家カフェ」の企画・運営に取り組みました。「町家カフェ」とは、京都市内にある京町家を利用して地域住民の「居場所づくり」、「交流の場づくり」

を行うことを目的とした取り組み（事業）であり、地域住民だけでなく「町家」や「カフェ」に関心のある若者を町家に呼び込むことで、世代を越えた「人と人との繋がりづくり」も目指しました。

具体的な活動内容は、NPO法人・京都社会文化センター（以下、「NPO社文センター」）の活動拠点である「京町家」（京都市下京区油小路通り松原下る樋口町）の空き時間（金曜日の午後1時から7時）を利用させてもらって学生達が「カフェ」を開き、「地域の居場所」として多様な世代の人々の交流の場をつくることでした。この「町家カフェ」では、ネパール産の豆を使った「ネパールコーヒー」や「チャイ」を提供し、その売上げの一部をネパールの教育支援活動に寄付することにしました。また、ネパールの子ども達の写真を展示して「募金箱（募金瓶）」を設置し、募金活動への協力も呼びかけました。このような活動は、藤原ゼミのテーマである「社会貢献ビジネス」の実践として位置づけて行うことになりました。

①ゼミナールの「授業」での取り組み

ゼミの授業では、Mさんが中心となって「町家カフェ」に関する意見交換を行いました。彼女は、当時の「カフェ」を取り巻く環境（外資系大手チェーンや低価格を売りにするコンビニコーヒー、趣味や特殊なニーズに焦点を当てたカフェ等々）について調べて報告し、「町家カフェ」を他のカフェとどのように差別化するかをみんなで

議論しました。議論の結果、「町家カフェ」のコンセプトを「地域の居場所」と「ネパールの支援」に設定することになりました。古い「町家」と現代的な「カフェ」を結合させることで、日本の伝統文化の一つである「町家」の再生にも繋がります。また、昔ながらの町家は若者にとっては新鮮であり、老若男女が世代を超えて交流できる場にできると考えました。

「町家カフェ」のコンセプト決定後は、具体的な運営（経営）に必要となる収支計算（固定費と変動費から損益分岐点を探る）や広報（チラシ作成やSNSを使った情報発信）について議論し、必要となる備品の準備（コースターづくり、機材の持ち寄り）も全員で協力して行いました。

②NPO法人・京都社会文化センター理事会での議論

「町家カフェ」のオープンに向け、「京町家」を活動拠点にしているNPO社文センターに理事会を開催して頂き、Mさんが「町家カフェ事業」に関する提案を行いました。「町家カフェ」の目的やコンセプト、事業概要、具体的な取り組みを提案すると共に、自分自身の「夢」や「町家カフェ」に込められた「想い」なども語ってくれました。NPO社文センターの理事の方々からは、事業を進める際に必要となる色々なアドバイス（地域への声かけの重要性、経営計画や収支計算の重要性、等々）を頂きました。翌週のゼミでは、それらアドバイスを元に議論を行い、より具体的な計画を練りました。

③「町家カフェ」の実践

1　事前準備

「京町家」は、NPO社文センターが活動拠点として利用していましたが、日常的に開かれた場として使われていなかったため、ゼミメンバーで協力して改装（清掃）活動を行いました。できるだけ初期投資を押さえるため、カフェ運営に必要な機材（コーヒーメーカー、カップ、ソーサー、スプーン等々）はゼミメンバーが周囲に声掛けして集めました。また、Mさんは「町家カフェ」のオープンに向けて「食品衛生資格者」の資格を取得しました。

2　プレ・オープン（2014年11月7日）

事前準備が終わり、いよいよ「町家カフェ」をオープンする段階になりました。「町家カフェ」のオープン日を2014年11月14日（金）に設定し、その一週間前である11月7日（金）に「プレ・オープン」の企画を実施。この日は、お世話になった方々を招待して無料でコーヒーを提供し、コーヒーの味や町家の内装に関するアドバイスを頂きました。注文の取り方やコーヒーの出し方、座敷のテーブルの配置、座席からの内装の見え方等々、「何が足りないか?」「何が必要か?」という貴重な意見を頂くことができました。このような意見は「実際にやってみないと分からない」ことであり、学生達にとって貴重な経験となったようです。翌週のゼミでは、「プレ・オープン」で明らかになった問題点を洗い出し、コーヒー原価の再計算やコーヒーの提供方法等々について議論を行

いました。

3　本格オープン（2014年11月14日）

「プレ・オープン」企画で問題点を洗い出し、可能な範囲の改善をしたうえで11月14日の本格オープンを迎えました。本格オープンに向け、SNSを使った広報活動や町家近隣住民の方々への声掛けにも力を入れました。最後まで悩んでいた「町家カフェ」の名称は、藤原ゼミの学生がネパールを訪問した際に滞在した町の名前「ポカラ（Pokhara）」から命名し、「町家カフェ・ぽから」という名称になりました。「ぽから」ではネパール産の豆を使った「ネパールコーヒー」を提供し、売上げの一部をネパールの子ども達の教育支援に充てることにしました。

11月14日（金）はゼミメンバーで開店準備を行い、営業は午後1時から7時まで行いました。来訪客のほとんどが学生達の知り合いであったこともあり、Mさん自身、「もっと近隣の方々にも来てもらえるようにしようと感じた」という感想を話していました。

4　「町家カフェ」を通じた学び

毎週金曜日の午後のみという営業時間でしたが、オープンから約一ヶ月で合計60杯（1回平均12杯）のコーヒーが売れました。しかし、このペースでは卒業を迎える3月までに固定費を回収することすらできません。ゼミの時間に、新たなメニュー開発や来客数アップに向けた取り組みについて話し合いました。地域の「居場所」と捉えてもらえるようなチラシの作成・配布

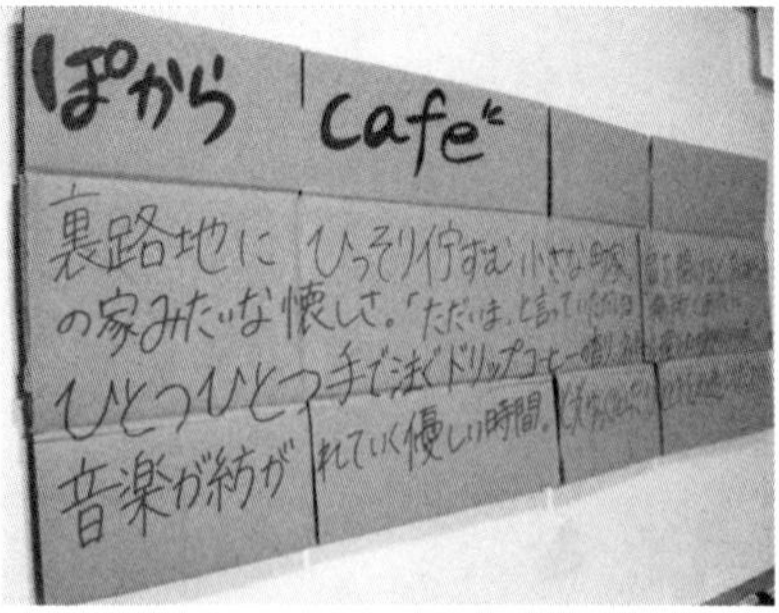

や、新メニューの追加、多くの人が集まれるワークショップの開催などを計画することになりました。オープン時には「コーヒー」だけであった提供メニューは、その後、「ネパールの手作りチャイ（ミルクティー）」、「ネパールの手作りシナモンチャイ」、さらには日替わりの簡単なお菓子も追加されました。オープン当初には10人程度であった客数も、二ヶ月後には20人程度まで増え、着実にその認知度は上がっていきました。毎週金曜日の午後に「町家カフェ」をオープンし、翌週のゼミではMさんが報告（現状報告と今後の課題）を行い、ゼミメンバーで議論する。このサイクルを繰り返すことで、学生達は「実践を通じた学び」を経験しました。

④Mさんの「学び」

卒業を間近に控えたMさんは当時、「町家カフェ」の実践を通じて学んだ事について以下のように語っていました。

「頭の中で思い描くこと」と「実際やってみること」との違いが分かりました。実際にやってみることは、思っていた以上に大変でした。そして、このような活動は周りのサポートがあってこそできる事だと実感しました。

「社会に貢献しながら働く」ことは、「ただ単に働く」ことより喜びが大きいと実感しました。「町家カフェ」を体験する機会を与えてくれた方々へ感謝の気持ちを忘れず、これからも「町家カフェ・ぽから」を続けていきたいと思います！

彼女は実体験を通じて「理論」と「実践」の違いを感じ取ると同時に、人と人との繋がりの大切さ、周りの人々の支援の重要性、「社会貢献」を仕事にすることの意味、そして、ものごとを継続することの重要性に気づいたようでした。

3．おわりに
——若者の「学びと実践の場」の提供——

京都経済短期大学の藤原ゼミで取り組んだ「町家カフェ」。京都の伝統的な町家を活用してカフェを運営（経営）することで、来て頂いた方々に「日本文化（京都文化）」の雰囲気を楽しんでもらう場を提供することができました。同時に、学生達にとっても実践的な経験と学びの機会となりました。

　このような取り組みは、「京町家」の保全と再利用に貢献すると同時に、地域コミュニティに活気をもたらすことにも繋がったと思います。また、多くの方々に伝統文化に触れる機会を提供し、京都の魅力を発信することにも繋がりました。町内会の方々とも連携して取り組むことで、学生たちは実践的なビジネススキルやチームワークを学び、将来のキャリアに活かすことができたと思います。

　京都社会文化センターで学生達が実践した「町家カフェ」の取り組みは、古い伝統文化と現代の若者意識を融合させる試みであり、彼・彼女たちにとって貴重な「学びと実践の場」となりました。

註

本稿は、京都経済短期大学経営情報学会編『京都経済短期大学論集』第22巻第3号、２０１５年3月、に掲載された内容を抜粋・加筆・修正したものです。

第5章　「ともいき塾」奮戦記

三宅正伸

1．「ともいき塾」の馴れ初め

2000年設立のNPO法人京都社会文化センターは京都市下京区油小路通松原下るの京町家を本拠地にするようになってから、NPO法人京都自由大学とともに地域住民に呼びかけを行って活発な取り組みを行ってきました。NPO法人京都自由大学は市民向けの講座を定期的、さらに不定期にも特別講座を開講してきました。その間でもNPO法人京都社会文化センターとして継続的に開催を続けていたのは「ともいき塾」と称する読書会でした。いわゆる近所付き合いは大切にし、町内会主催の地蔵盆や商店街主催のイベントの会場にもなり、地域での存在感は増してきたように思いました。しかしながら、京都社会文化センター主催の行事への地域の関心は盛り上がりに欠けていたように思います。

「ともいき塾」は事情により京町家という本拠地を失ってからも場所を変えて月一回のペースで定期的に実施してきました。一年前にはついに100回を超えるまでになったことに気が付きました。そのコンセプトは学術が専門化と称して細分化し、市民に分かりにくくしていることへの抵抗です。つまり、アカデミズムの傾向に反して、風呂敷を広げる取り組みを目指している市井の人による素人集団であることでよいと考えています。より市民に近い学術はないものかと考えるのです。難しいことを難しく説明することは簡単ですが、難しいことを易しく説明することはとても難しいことです。最近の学術を注目してみますと、市民にとっては易しいことを外来語などを多用して難しく表現しているように思えます。

さて、世の中は便利になりました。わざわざ会場に来なくてズームなどで遠隔地からも参加できます。双方向に各自の考えも主張することができます。参加者によってはズームでないと参加できないという人たちも増えてきました。初対面の人でも顔と音声によって対面しているように感じられますが、あくまでも疑似対面で相手の身長などは判断できません。そんなことでもよいと言われればその通りですが、そこにはこだわりがあります。医療や福祉の世界でも遠隔操作が話題に上がるようになりましたが、このハイテクはハイタッチではありません。免疫力の低下した患者が入院している病院でのセキュリティとしての外部者のロックアウトなどは理解できるところですが、狭い国土の日本に遠隔教育など必要なのでしょうか。また、ズームで相手の顔色が読めるのでしょうか。初等教育などは教師の感情労働で、児童は教師の顔色を敏感に感じます。知識だけを詰め込むならば通信教育で十分と思いますが、それは本当の教育なのでしょうか。今回のコロナ禍においては三密回避を合言葉に地域の小中学校まで遠隔授業が実施されました。家庭事情でどうしても遠隔授業に参加できない学童や生徒には学校が基地局となって教育を受ける権利が保障されたと聞いています。社会問題化した学校敷地をロックアウトすることは長続きしませんでしたが、遠隔授業が叫ばれたときにおいても対面授業が可能だったのです。「ともいき塾」ははじめから遠隔などを考えてはなく、どうすれば対面が続けられるかに腐心したのです。

2.「ともいき塾」のともいきとは何か

ともいきとは共に生きることです。これの逆は「共死社会」ともいえる過労死などです。同じ時代を老若男女が時間や空間を共にします。そこで共生になるか、共死になるかは社会文化の問題です。そう考えれば、二十歳前後の若者が集中している大学は正常であっても異常です。もっと開かれた大学であってよいはずです。人生経験豊かな年配者と一緒になって学生が学びを問うことこそが学問ではないでしょうか。どちらが教える側なんてことは必要ではなく、学生が年配者に学びを教え、そして年配者が学生に経験に基づいた話をする場所であって良いと考えます。若い学生が社会に出てから共死をくぐりぬけてきた先輩と遭遇しなければならないこと、そしてその共死の現実に慣れることを求められることなどは極めて異常と言えます。おかしいことをおかしいと言えないおかしい企業社会なのです。また、学内においての年配者が大学教授だけの場所も異常ではないでしょうか。「ともいき塾」はどちらが学生か先生かの「めだかの学校」です。そのためにはズームなんかではなく対面にこだわったのです。もともとズームなどは中国やアングロサクソンによる消費文化の強要であって、市民の社会文化とは関係のない事象であると考えました。便利であれば、社会が道路や送電線で埋め尽くされてもよいのでしょうか。「ともいき塾」は正しくて善い社会文化を創造したいのです。

現在の学校教育と称するものはあまりにも規律の訓練に徹していると考えます。初等教育から高等教育に至るまでの受験教育や就職教育などは本当の教育と呼べるものでしょうか。組で教育していて級を作ることが勝者と敗者をつくる源泉と思えます。とても共に生きる教育とは思えません。競争社会での勝敗は学校教育を終えても続いており、職場での同僚性とは眼差しで相手をけん制するようなシステムに特化しているのが現状です。現在はそのような風土が常識となっています。共生のための職場文化を創らなければならないのに、共生でなく競争の文化を作っています。特に、大学におけるキャリア教育と称するものは職業教育ではなく就職訓練と呼ぶべきものです。教育はある種の強制であることには理解できますが、学生にはもっと自由を与えるべきだと考えます。少なくとも、管理からは独創的な考えは生まれないと思います。「ともいき塾」は訓練でなくてお互いが教えて育つ社会文化を創造したいと考えて、現在の大学の現状の逆の路線を考えていきたいと思いました。

現代社会の常識を疑ってみる必要があります。たとえば、プロ野球の監督などが投手の出す四球と柵越え本塁打だけは監督のマネジメント力で防ぎようがないと発言していますが、「ともいき塾」ではルールとしてストライクのみでフォアボールなどなく、フェンスもない創造を目指しています。このように常識を疑うことによって、その支配的権威による権力を否定することができます。この権威が権力と結びついて、権力者が存在していること自体が偉いとされる企業が存在しているのも現代における現実です。そのようなところで自由な発言など許されるわけがありません。その否定こそが「ともいき塾」なのであると考えています。「ともいき塾」では「ともいき塾」のルールを作ろうとしています。しかしながら、そのルールに縛られないような自由を喚起します。自由のために不自由なルールを甘受することなどは本末転倒と考えます。自由な発言は「ともいき塾」の大原則なのです。

3. 地域の核の学校

コミュニティにとって自らの学校を創造する活動も重要と考えます。韓国のソンミサンマウルやアメリカのアーミッシュのコミュニティの核は自らが創設した学校のようです。しかし、日本では学校教育法などのクリアにかなりのエネルギーを要しますので、既存の学校を地域の核として利用することのほうが現実的です。ところが、地域の核である小学校などが統廃合によって効率化を図っています。少子化などはコホート分析において予測できたものですが、学童の義務教育にこだわりすぎて、地域住民には校庭や体育館などの施設利用にとどまっていました。ＰＴＡ活動に目を奪われて地域住民主催の活動には政治色などへの警戒が先だったように思えます。現実に地域住民の何人かで小中学校の施設を利用したいと申し出たならば、自治会などを通してくださいと断られることになります。政治色なしの催し物など当たり前のようであってそうではありません。地域の主張には何らかの政治色が働きます。既存の小学校を開催会場として行政に対する学校統廃合反対の集会がなされることなどは考えられそうにもありません。仮に小学校で「ともいき塾」を開催したいとの申請をするならば、主催者の氏素性や塾での内容に相当のチェックが入ることは必定で、最終的に常とう句である自治会などを通してくださいとの結論となるわけです。ましてや学校施設の中に自由な教育機関を作りたいなどと言い出したならば、アレルギー反応が先に来て理解されることはないと思います。

下京区の京町家を本拠地にして「ともいき塾」を開催していたときには地域の人の参加もありましたが、京都駅前のキャンパスプラザに移ってからは地域の人の参加はまったくなくなりました。また、京町家での活動においては行政関係者の注目も少なくなかったのですが、その本拠地を失ってからの活動においては行政関係者の関心すらなくなっている状況です。つまり、読書会としてのまったくの同好会となってしまったのです。しかしながら、話題とする選択本によって地域活動の大切さを訴えています。最近では参加者の関心がウクライナ情勢やコロナ禍、人工知能の未来などに移っており、それでも悪くないと考えています。二十一世紀の世界において二十世紀的な戦争がなぜ起こるのであろうかなどを話題としています。また、コロナ禍における強制は自由を侵していないかとか、シンギュラリティは本当に起こるのかなども話題の一つです。知識や知能において人はコンピュータに負けるが、知性と知恵では負けないという気構えが「ともいき塾」なのです。その担い手が権力者や為政者ではなくて市井の民でなくてはならないと考えます。確かに頂点に立つと全体像がよく見られるように思いますが、下から見ることのできる頂点像を通じて見渡せる全体像とは相違していると思います。ウクライナでの戦争といった大きな問題も、よく考えてみると地域の視点から派生しているのです。ニュースでは大統領の動向に注目が集まりますが、それは事実であっても真実ではなく、当事者である民こそが真実を知っているのです。世界情勢、町人の科学としてこのような大きな課題も検討しなければならないと感じるようになりました。

4.「ともいき塾」の将来

現在、塾生として参加されておられる方は6名ほどです。継続は力なりと申しますが、これからも月一回で継続していくことを考えています。この継続を支えているコンセプトは参加者全員が先生であり、学生であるという意識です。勉強とは勉めを強いる苦行のようなものです。商人が値を下げるときに「勉強します」と言うのが分かる気がします。「ともいき塾」は「知るは楽しみなり」の考えです。町人の科学には武士は不要なのです。もし武士が参加したいならば、丸腰での参加を望みます。みんな町人なのです。町人である限りは知恵が重要です。選択本からの得られる知識のみならず、町人の知性によって知恵を自ら発見することが重要になってきます。平易に言えば、引用文と解釈で埋め尽くされた論文は武士の科学です。町人の科学にはそのような細分化した専門性よりも、なるほどと言えるような経験からの物語が大事なのです。そのために仮に正邪を考えるならば、議論しているどちらも正しいことも容認できます。経験と科学は分離されたものではありません。「ともいき塾」では権威主義的ルールを無視してでも風呂敷を広げて身近な話題になるように努めて、素人学問を目指しています。

そもそも何のために自らの学びを問うのでしょうか。勉めを強いることとどう違うのでしょうか。難しいことを知らなくても日常生活に影響はありません。しかしながら、ある時の経験を通じてなるほどと思うことがあります。たとえば貨幣と商品を交換するときです。私は紙に１０００と印刷された貨幣を持っています。パンを三つ欲しくてレジに持っていくと、私の１０００と印刷された貨幣とパン三つ、さらに１００と刻印のある金属４枚と交換してくれました。パン二つ食べて友人にパン一つと１００と刻印のある金属３枚と交換しようと申し出ると断られました。以前は交換が成立したのですが、今回はなぜ成立しなかったのでしょうか。これを考えるのが経済学です。よくよく考えてみると、以前は友達が空腹ですぐに食べてしまいました。それが今回は空腹ではなくてパンの効用を感じなくなっていました。さらにその友達はあるところで１００と刻印のある金属２つとパン一つを交換する所を知っていたのです。そのある所とはパンを商品として取り扱っている店です。この商品という何気ない語句が経済学の神髄です。

さらに疑問点として残る問題は紙よりも金属のほうが値打ちがあると考えていたのに、なぜ紙切れ一枚と金属10枚とを交換に応じてくれるのでしょうか。パン一つが金属2枚と、さらに紙切れではパン五つと交換してくれる根拠はどこにあるのでしょうか。さらにパン一つと金属3枚とを交換しやすくする環境を考えるのが経営学です。それが行き過ぎると、人為的な希少価値を問題とするのが経済学ですが、経営学では商品の差別化と称します。それでは商品とは何かと問題意識が広がります。武士の科学では演繹的に難しい説明がなされますが、町人の科学は経験に応じた帰納的なものなのです。当然、「ともいき塾」では後者の立場で考えます。

5.「ともいき塾」の本質

「ともいき塾」は勉めを強いることなどありません。学びを問うことも参加者のコミュニケーションを図るための手段なのです。目的を設定して不自由になることなどありません。参加者が関心を持ったことを自由に話題提供し合います。強いて目的を言うならば、共に生きることを考えることなのです。少し考えてみると、異なった価値観の個人が同じ時代を生きていることも不思議なことです。ましてや「ともいき塾」で同じ時間や空間を共有していることも摩訶不思議なことなのです。学校教育はある種の強制です。それは目的があるからなのです。さらに手段であることが目的化している現実があります。このような目的に縛られなかったならば、気楽に参加ができて楽しいはずです。しかしながら、参加者が集まると誰を会長にするかとか、ルールをどうするかなどといった不毛の検討をし始めます。共に生きることからすれば何か意味があることなのでしょうか。構成員がもめないようにルールを作るなどと言いますが、組織が大きくなるにつれて意見の相違が発生して当然です。そして異質な価値観の持ち主であることを認めなくてはなりません。それが自由で自然な形と考えています。しかしながら、いつどこに開催のために集まるなどのマネジメントは必要と考えますが、そのマネジメントが個人の意思に反して強制されることは不自然なことと思えます。つまり、「来るもの拒まず、去る者追わず」の原則が貫かれていてこそ「ともいき塾」は自由になれるのです。「ともいき塾」の本質などと強いて言えば、目的に縛られない自由だと考えます。共有する場所において言いたいことが言えて、相手も言いたいことを言うことができる時間と空間なのです。先日は「霊力」について論議しました。この科学万能の世の中で何を言っているのかとお叱りになる人もいらっしゃるかもしれないですが、説明のできない不思議なことの経験は少なくありません。たとえば、道に迷ったときに初めてのところなのに以前にも来たようなことを感じたりします。経験と勘で進んで聞くと元の道に出られることがあります。しかし現代ではすぐにスマホの地図機能に頼って、自らの経験と勘の体験機会を摘んでしまいます。「霊力」は存在すると主張すれば、そんなことはないと言いつつも反証するすべはありません。参加者からは何でも「霊力」に帰結することは科学者として無責任と思えるとの意見がありました。そこで気が付くのですが、参加者は町人の科学における科学者なのです。不思議な経験などを出し合います。このようなことを正々堂々と検討することも「ともいき塾」の本質なのではないでしょうか。今後、割り切れないことを無理に割り切ろうとはせずに、割り切れないままで論議することも大事なことであると考えます。

6.「ともいき塾」への参加

参加者は権威を捨てて市井の人間で裸に戻ります。ここでは名誉何とかなどは意味を持ちません。難しいことを言っている人は決して偉い人ではありません。仮にそのような人が参加されるようならば、参加者に理解できる説明をしなければ話題が共有できません。科学は自然科学、人文科学、社会科学と分類できますが、この中でも所説に分かれるのが社会科学と思えます。自然科学は今までわからなかった現象の発見にありますが、人文科学は人間の発見です。一方、社会科学は考え方の発明にあると考えられます。社会科学こそ町人の知性と知恵で真実を求めていかなくてはなりません。真実と事実は違っています。あまりにも映像などの目からの情報が事実とされています。海の水は青いのですが、水槽に入れても青い色がついているわけではありません。それなのになぜ青く見えるのかが真実を求める科学的思考です。そうなると地球の大気には色がないのに青空や夕焼け空はなぜ赤く見えるのでしょうか。ひょっとすると、誰かがそのように見えるようにしているのかもしれませんし、三日前の満月が今日はそうではないのはどうしてでしょうか。目に見えていることは事実と錯覚しますが、事実でない場合もありますし、それが事実であってもそう見えているだけなのかもしれません。それゆえに呪術的思考でなく科学的思考が必要なのです。このあたりを論議するのが、「ともいき塾」の参加で味わうことができます。かつては「あの世」は存在するのかも話題にしたことがありますし、宗教や政治的立場を前提にした自らの思いの発言は自由なのです。社会科学ではウクライナ戦争が最近の検討課題です。個人的には何の恨みもない市民同士が殺し合いをしているのが事実です。なぜ殺し合いをしなくてはならないかが真実です。人間はもともと平和的存在で、それであるために絶滅を免れてきたのではないでしょうか。また、何に支配されて命を脅かされているのでしょうか。

武士の科学では何かと何かの関係を重回帰分析して、当たり前のことを当たり前と発見したとの論文などが見受けられます。また、因果関係と相関関係を混同されている人を見かけます。因果関係とは原因結果の関係ですが、これは簡単には結論の出るものではありません。雨が降るから傘が売れるわけで、傘が売れるから雨になる関係ではありません。しかしながら、傘を売るためには雨が降ることを感じてもらわなくてはなりません。さらに言えば、傘は雨傘だけとは限らず日傘もあります。されど、雨と傘の関係は雨が降るから傘をさす因果関係です。「ともいき塾」では帰納的な相関関係をなるべく取り除いて、町人の知恵による演繹的な因果関係に帰着するように努めています。

そのような考えは時代遅れとの指摘もありますが、現代の産業社会に迎合するだけで社会科学と言えるのかが大きな問題点です。素人学問で学術的でないなどと言いますが、まずは言いたいことを言える自由を確保することです。拘束のある企業研修ではオフサイトミーティングであっても発言には注意が必要です。そんな煩わしいことから解放されて、何の利害関係もない自由の中で、結果に責任を有した発言の自由を満喫するのが「ともいき塾」です。論理的議論よりも冗長率の高い対話を求めるのも、町人の科学を標ぼうしている「ともいき塾」なのです。

第6章　京都自由大学の実験

竹内真澄

初代学長　益川敏英さんの開校の辞が素敵なので、冒頭に再録し、開校後の出来事を年代順に記します。

開校の言葉（初代学長・益川敏英）

文化は広く享受されて初めて真の文化となる。金持ちのご隠居さんの道楽に終わらせてはならない。これにはまず文化を創り出す者の心が自由でなければならない。

今の大学は多様化している。学問も人も多様である。そうであるにもかかわらず、昔に比べ教員の交流範囲・機会は狭まっているように見える。これは競争資金の獲得、成果報告書作り等に日夜追い捲られていることも一因であろう。

教育・研究において最も重要なものは自由な精神である。本筋から離れているように見えても、立ち止まり、これは何だ？と投げかける疑問に深い問題提起が有ることが多々ある。何気ない授業中の横道が学生の心を揺り動かし大きな影響を与える。

また生物種においても交雑種は生命力に富んでいると言われる。今大学に欠けているものは自由な精神と心の余裕が生み出す遊びの精神である。これらが有って初めて深い学問の探求・文化の創造が可能となる。

京の地は地の利を得ている。短時間で移動可能な距離に多様な専門家が多数生活している。これを利用しない手はない。まず集おうではないか。そして自分の持ちネタを話そうではないか。そうすれば輪は広がる。広がれば話の種も多くなる。珍奇な話題も、ここでしか聞けない話も出るだろう。それがまた噂となり広まる。

研究者が自分の得たものを社会に広く還元していく

作業は本来喜びの筈である。これが今日不幸にも日々の多忙さのなかで失われている。これを取り戻そうではないか。

年表

２００４年度秋、竹内は大学の街京都の可能性を活かした社会文化運動をさぐり、喫茶店で講座をやったらどうかと思いつく。

２００５年度1月23日、京都社会文化センター定例総会で「京都自由大学」の設立・運営を議論する。大山一行さんが出席し、１９２８ビル京都三条ラジオカフェの使用を決めた。

- 1月、「オープン・カフェ・京都自由大学」を京都市の市民活動センターに登録。この前後に学長（益川敏英）、副学長（神谷雅子）、副学長（徐勝）さんらと開校を準備。京大で記者会見をおこなう。事務方として竹内、藤田悟氏が参加。京都新聞、『ネットワーク京都』２００５年3月号などに関連記事掲載。
- 3月5日、ひと・まち交流館で開校記念シンポ、パーティー、打ち上げ。
- 3月11日（開講）、徐勝さんの「韓国民衆文化について」。会場は満員。
- ２００６年1月28日まで、8月を除いて、毎月金・土で計82講座を開講した。講師は、年間48人。出席簿は紛失して存在しないが、出てのべ２４００人が参加したと思われる。金・土2コマ制で午後7時より9時まで。前半が講義、後半は対話。
- 7月、NPO法人登録。

２００６年度2月26日、NPO法人京都自由大学総会。嚴敞俊氏を事務局長に迎える。事務局員に藤田悟さん、尹恵子さん。

- 金・土2コマ開講。5月（5回）78人、6月（8回）１０６人との記録あり。
- 10月28日、篠原三郎さん「知ることの意味」
- 年度最終講座で重本直利さん「市民のための大学づくり――京都自由大学の試み――」。

２００７年度10月５日―11月17日、13回分で参加者のべ１６８人、平均13名との記載あり。

・５月25―26日、李大洙さん（京畿道市民フォーラム運営委員長）講演：「韓国の民主化と地域市民運動の特性」。

２００８年度、池内了さんを2代目学長に迎える。

・嚴事務局長のもとでコリア語講座開講。

・科学映画の取り組み。

・嚴事務局長の発案で韓国併合 100 年市民ネットワークをつくる動き活発化。

・５月23日、カイ・F・マチエセン、ベンダ・O・ラルセン「デンマークの医療システムと教育」。この年度まで金土開講。

２００９年度、町家キャンパス（京都社会文化センター）で開講。

・この年度から金曜1講座となる。NPO会員は年間１２０００円、参加費５００円（学生１００円）。

・前期のみ、社会学者池田知加さんの専属司会。

・通信『一望荒野』(竹内編集)と『京都自由大学新聞』(三宅正伸編集）を発行。

・前者第５号に受講生高野三郎氏は「毎回、立派な先生から素晴らしい講義を受け、図書の紹介もあり、大変満足しています」と書いた。

・５月22―24日、第４回日韓交流セミナー。

・10月、ラビア・カーディル講演会（キャンパス・プラザ京都）。

・12月、「自由な学びを求めて」（竹内真澄、藤田悟、中村浩爾他　対談、『経済科学通信』１２１号に掲載)。

２０１０年度2月５日、「三井三池闘争」50年、写真映像・資料をとおして今日的意味を考える」。

・2月13日、NHKラジオ深夜便:「こころの時代」「真実を知りたい、気楽に学びたい」藤田事務局長出演。

・5月14日、朴元淳（弁護士、希望製作所）「新しい１００年を築く日韓の出会い」。

・11月27日　西山太吉「沖縄密約と現代日本」（『市民の科学』第3号に掲載)。

２０１１年度4月23日、ドキュメント映画「三池の闘いと向坂教室」を上映。

・5月27―29日、日韓NGO交流セミナー「植民地時代のソウルを歩き、植民地責任を考える」、江華島などを見学し、日韓交流をした。

・中川在代さん「京都自由大学と私」(『市民の科学』第3号所収)を発表。

・韓国ソウル市長朴元惇氏が京都自由大学を表敬訪問、受講生に敬意を表す。

・10月、「原発を考える」特別講座。

・年度最終講座:金稔万さん「在日の記憶を継承する」(2012年2月3日)。

2012年度3月3日、町家で自由大学サミット(全国自由大学経験交流会)を開催。

・大阪自由大学、センダイ自由大学、岐阜哲学カフェ、コモンズ大学、東京自由大学など報告。

・冊子『京都自由大学のひとびと』(編集・発行所:京都社会文化センター出版局)を刊行(2012年3月31日)。

・この頃土曜日に英会話講座を開設。

2013年度2月、京都社会文化センターと京都自由大学が町家の使用契約を締結

・4月12日、町家裏庭で2013年度開講前夜祭。

・5月―7月「内田義彦生誕100周年記念 特別連続講座『社会認識の歩み』で現代を読む」全6回。

・5月、京都自由大学のオリジナルTシャツを作成。

・京都新聞記事「ここにもある白熱教室」。

・京都自由大学どくだみ茶販売(大月事務局長のアイデアによる)。

2014年度、後藤道夫、小出裕章、長谷川公一、唐鎌直義といった講師陣を迎える。

・8月、若者カフェ。

・9月8日、丸山眞男生誕100年記念シンポジウム「丸山眞男の論理と心理」(龍谷大大宮学舎、吉田傑俊、清眞人、竹内真澄、司会角田修一、『季論21』第26号に掲載)。

・10月31日、水田洋さん「社会思想史について」。

2015年度、開校10周年記念パーティー。

・4月より翌年1月迄『21世紀の資本』を市民目線

で読む」を開講。

・岩井忠熊、宮本憲一、海老坂武氏らの講義。

２０１６年度４月１日、京都新聞記事「庶民による歴史語りの場　京都自由大学の挑戦」。

・７月30日、庶民が語る歴史ワークショップ　庶民が語る歴史ワークショップ第１回　講師：鈴木金雪さん（フライス工）「長屋・サークル・フライス盤――サークル活動45年――」。

・８月18日―８月24日、京都シネマで「夏休み特別講座親子で科学映画を楽しもう」。

・10月29日、講師月下美紀さん「ヒロシマからフクシマへ、そしてそれから」。

・開校以来この年度まで安川寿之輔さん、金・土の連続講座をつづける。

２０１７年度、大学院生・学生の事務局員が講座企画の立案・運営の担い手に参加する。

・月間別テーマで、酒井隆史さんや斎藤幸平さんを招く。

２０１８年度、町家における講座はこの年度まで。

・６月に現状を報告、２０１４年度まで府からの補助金をうけとっていた。

２０１９年度、活動を一時休止し、今後を模索した。

２０２０年度、少数のワークショップ形式での再出発を構想したがコロナが世界的に流行、企画を断念。

２０２１年度、Zoom 自由大学をスタートさせる。

・５月22日、第１回桂良太郎さん「ベトナムから未来のアジアの福祉への想像から創造へ」。

・９月25日、第２回熊沢誠さん「日本の労働組合運動の批判的考察――私の労働研究の視点から」。

・11月13日、第３回藤岡淳さん「宇宙・核戦争と日本・琉球弧の未来」。

・12月25日、第４回徐勝さん「又石大学校東アジア研究所と私の東アジア認識」。

２０２２年度３月12日、第５回宮下祥子さん「日高六郎の戦後啓蒙」。

２０２３年度２月、２０２２年度総会でＮＰＯ法人の解散を決議。

・２月26日、第６回伍賀一道さん「日本型雇用解体過程の非正規雇用・半失業――21世紀日本の雇用の特徴」。

- 7月9日、市民科学京都研究所と公開講座「戦争とどう向き合うか」を開催。

短い総括と展望

2005年の開校アピールに掲げたように、京都自由大学の実験は、国際人権A規約第13条第2項c（学費の漸進的無償化）に近づき、知を市民に開きともに生きることであった。現代は、一見すると情報過多で、どんな知識でも得られるようになっている。けれども、いかにして理性を研ぎ澄まして生きるかは、孤立した個人に丸投げされており、それだけに権力によって操作されやすい。民衆が自治の主体になるためには、各自の大人の経験を踏まえながら、学者の知を反芻する共同検討の場がなければならない。二代目学長池内了さんは私に「小さいからいい。こういうものが全国にたくさんあればいい」と言われた。とても励まされた。私の実感では、受講生は、講師の実人生に共感したり、鋭い質問で悩ませたり、若い学者を育てようとさえした。それはふつうの大学にはないものだ。

京都自由大学は現在任意団体である。現代日本には、「社会文化的なもの」または「自由大学的なもの」が引きつづき必要だ。ますますこういう試みはあっていい。そうである限り、自由大学が目指したプロジェクトは、形は変わっても、終わらない。引きつづき皆さんのご支援をよろしくお願いします。

第7章 貧しさから豊かさへ
――社会文化活動の射程――

山西万三

はじめに

貧しさは、多様で複雑です。物質的な貧しさ、経済的な貧しさ、文化的な貧しさ、精神的な貧しさ、時間的空間的な貧しさ、社会的な貧しさ、思想の貧しさ、思考の貧しさ、等々……現実の社会ではそうした貧しさの諸相が相互に影響を与えあい絡み合っています。貧しさの解決は、そうした貧しさの諸相の絡み合いをほぐしつつ豊かさへの道筋を模索するほかありません。貧しさから豊かさへの道筋は、どう生きるかを問い実践する道のりでもあります。私は、その道のりは社会文化活動とも重なるところがあるものと考えています。そうは言いつつもこれまで私は、社会文化活動とは何かをさほど真剣に考えてこなかったということを告白します。というのも、振り返れば社会文化活動を深く考えることなく心情的に社会的に意義のある活動だと受け止めて参加してきたにすぎないからです。そのような生半可な関わりかたであったにもかかわらず、私にとって「京都社会文化センター」の活動やその前史にある諸活動から学ばせて頂いたことは大きな財産であり続けています。

私は、いまだ社会文化活動の思想と論理というテーマで語れるほど整然としたものを持ち得ていません。そこであらためてこの機会に、私なりに社会文化活動とはなにかを考えてみたのが本稿の前半です。後半では、私が社会文化活動の遺伝子の継承でもあると考えている地域産業研究会や地域産業総合研究所の活動にふれます。

1. 社会文化活動とは

人により、社会文化活動とは何かと問われたときの回答は異なるであろうと思われます。ここでは私なりに社会文化活動とは何かについて考えてみたことを書いてみました。

社会文化活動いう言葉は、社会＋文化＋活動という三つの言葉から成り立っています。この言葉は、社会文化＋活動という言葉の合成ともみることもできます。社会文化という言葉は、言葉の出現順位からすれば、社会や文化という言葉が成立してのち登場してきた比較的新しい言葉だといって間違いなさそうです。社会文化という言葉は、日常的に頻繁に使われる言葉ではありません。その言葉のとらえ方も、社会と文化という別のものをひとつにしてとらえた言葉という見方もあれば、社会が成り立つところには文化があり文化は社会と一体的に存在しているものであらためて社会文化という言葉を用いる意味はあるのだろうかというやや懐疑的なとらえ方もあるだろうと思います。いずれにしても社会文化という言葉でとらえられる事象は極めて多様多彩であり、『社会文化の諸相(1)』という書名のようにまさに諸相があります。

ただ、どの考え方であっても学問としては、社会とは何か、文化とはなにか、という問いをたてその問いに向き合うなかで社会文化という言葉の意味を吟味しなければならならないでしょう。吟味するという行為から得られる帰結は、吟味する人の立ち位置によって大きく変わるという性格をもっていることに注意が必要です。ここでは、何のために吟味するのか、によって吟味の方向も帰結も異なるということを言っておきたいと思います。

ふりかえってみれば、私は、必ずしもそういう吟味というような手続きをして社会文化活動に参加していたわけではないのです。皮膚感覚で、社会文化活動は、世の中の貧しさや理不尽さを何とかしようという活動と理解していたという程度というのが正直なところです。調査にもとづくエビデンス（証拠）のようなものはありませんが、社会文化活動を支持してきた人の多くはそうした感覚であったのではないでしょうか。実は、私は、そうした感覚こそが、社会の異常を糺し、正常な社会形成をすすめていくうえできわめて大切なことだと思っています。

社会の価値基準は、時代とともに変化するものです。時代が変化するなかにあっては、変えなくてはならないものと、変えてはならないものの見極めがいります。変えなくてはならないものは、あるべき社会の障壁となっている制度や習慣等があげられます。変えてはならないことは、民主主義社会の基本的価値ともいえる、貧しさをなくすこと、人間の尊厳を守ること、法を守ることなどです。悪法や時代に合わなくなった法は変えなければならないでしょう。変えなければならないことは変えつつ基本的価値を守ることが大切なのです。そしてより根源的なことは基本的価値のレベルアップをはかりながら、変えなければならない基準、変える基準というものをどのように前進的に形成していくかということだと思います。時代の変化に気づき時代の変化を促すことともいえます。活動する側も、みている側の人々も、活動の支持・不支持に関わらず変化します。だから、あるべき活動基準（理念や規範、ルールを含む）を示すことが求められます。活動基準がない組織やあってもないがしろにしてしまっている組織は、羅針盤なき船とおなじで進む方角がわからなくなります。こうした問題は、意見の対立が権力をもつものによってなされる排除の論理で処理される時に顕著になります。意見の対立があるからといって排除の論理で動くことは戒めなければなりません。排除の論理について、人権をとって考えてみます。人権はすべての人に平等にあるといいつつ、君主制（含む天皇制）に反対であるから君主の人権は認められないという主張をする人がいます。これは君主の人権は平等の対象外だと言っているのと等しくまさに排除の論理なのです。こういう立場の人は、君主にも当然に人権は認められなければならないという人に対して攻撃的な眼差しを向けがちです。排除の実行です。すべての人の人権を守るという価値基準がしっかりしていれば、君主の人権も守られなければならない人権であることが了解され、こうした行為に陥らないはずです。こうした観点は、社会文化活動においてはいくら強調されても強調されすぎるということはないでしょう。

では、社会文化活動とはいったいどのような活動でしょうか。言葉足らずで抽象的ですが以上のような含意のもとに、私の考える社会文化活動についての定義を示しておこうと思います。

社会文化活動の定義：

「社会文化活動とは、社会をよりよい方向に変えていこうとする諸活動である」

社会文化活動は、異なる意見を排除するのではなく異なる意見を包摂しながら熟議によって方向性を定めるものでなければならないのではないでしょうか。山の頂点（社会文化活動の目標）への道は必ずしもひとつではありませんし、目標の山もひとつではないはずですから……。

社会文化活動を、単純に社会の問題解決運動のように考えてしまうことにも注意が必要です。筆者は、以前に「社会の問題解決と資本の問題解決[2]」という原稿を書いたことがあります。その原稿を書いた時は、どちらかというと社会の問題と資本の問題があって、資本の問題は資本自信が解決力を有するが、社会の問題は意識的に社会が働きかけて解決活動を行わないと解決に至らない、という単純に社会を二分した対立的なとらえ方をしていました。しかし、考えてみますと、社会の問題解決は資本の問題解決なくしてできないし、資本の問題解決は社会の問題解決を必要としています。社会の問題解決と資本の問題解決は、相互に関係しあっているわけです。今日ではSDGsをみてもわかるように社会の問題解決が資本の問題解決の条件となってきています。社会文化活動の射程も、社会の問題解決だけでなく社会の問題解決のための資本の問題解決を含むものとなってくるのは必然でしょう。そのため社会の問題解決と資本の問題解決を並行しておなじ場で解決して行くといったことを求められることが増えていくでしょう。さらに資本といっても様々で、巨大資本と中小零細資本、産業資本と金融資本、などがあり資本という言葉で単純にひとくくりにしてしまうことはできません。地域産業は地域資本でもありますが、地域に産業がなければ地域住民の暮らしが成り立ちませんし、地域文化も損なわれることになります。社会の問題と資本の問題の解決のためには、社会と資本に内在する諸対立、外在化した諸対立をこえる知恵が問われます。

地域産業は、地域資本でもありますが地域の社会文化の担い手でもあります。その意味で私が呼び掛けて２０１９年に設立された地域産業研究会は、社会文化活動の一環でもあるということができます。地域産業は、地域社会や地域文化と関係していてそのゆりかごであることも少なくないのです。地域産業のあり方は地域の社会や文化に大きな影響を与えます。私なりの社会文化活動の定義に照らしてですが、地域産業と関わる実践や研究は社会文化活動のひとつでもあるのです。実際に地域産業研究会などでは「京都社会文化センター」などの社会文化活動等の経験を糧のひとつにしています。次に地域産業研究会と地域産業総合研究所の活動について紹介させていただく事にします。

２．地域産業研究会と地域産業総合研究所の活動

地域産業研究会の始まりは、地域産業研究会設立趣意書を私が起案し知人に呼び掛け、２０１８年８月に京都社会文化センターの町家を借りて地域産業研究会設立準備会を開催したことからはじまりました。そこで第１回地域産業研究会を２０１９年３月に開催することと、会員の発表の場として研究誌を発行することも申し合わせました。

地域産業研究会設立趣意書（全文）

地域の疲弊など様々な地域課題が指摘されています。この課題解決に地域産業は大きな役割を担っています。そこで持続可能な地域産業を目指して地域産業について学び、調査研究成果の公表と交流を目的とする「地域産業研究会」を設立したいと思います。地域産業研究会基本理念を「持続可能で豊かな地域産業の探求」とします。研究会運営理念は「お

互いを尊重しあう自由闊達な学び合い」とします。そして研究会行動理念を「地域産業の発展と地域産業とかかわる人々の幸福に寄与する」とします。

地域産業研究会は、分野・領域・職業をこえて地域産業の発展と地域社会に寄与しようとする人々の交わりと思索と行動のコミュニティーを目指したいと思います。同時に、このコミュニティーの主体となる参加者による地域の産業と企業の歴史と現在や、地域の産業と企業に関する調査研究等を収録する発信媒体『地域産業総合研究』や『京都の流通産業研究』等の雑誌を刊行します。雑誌の独自性と史料価値を高めるために地域産業に関する一次資料が多数、寄せられることを期待します。

地域産業に関する既存情報媒体はマスコミが発行する新聞、雑誌や、大学等の学術機関の刊行物などがありますが、地域産業とかかわる一般市民が自らの仕事を振り返り学習・研究し原稿をまとめ発表できる発信媒体は非常に少ないのが現状です。この空白を埋めることは地域産業の多様な発展に寄与するという大きな意義があります。地域産業研究会が刊行する雑誌には国立国会図書館でISSN番号（国際標準逐次刊行物番号）を取得し、国会図書館インターネット文献検索の対象となる手続きを行います。

地域産業研究会は、理念に基づく自由闊達な学び合いを通じて地域産業・地域社会に貢献することを目指します。地域産業研究会設立趣旨へのご賛同と地域産業研究会へのご入会をお願いします。

２０１８年6月吉日

地域産業研究会設立発起人　山西　万三

２０１９年3月に京都寺町三条上るの天性寺で地域産業研究会と地域産業研究会総会を開催し、正式に地域産業研究会は発足しました。それ以降、3月には定例研究会と総会、9月に定例研究会を開催しています。さらに２０２２年8月から、不定期ですがオンラインのみで土曜日の夜に1時間の「書き読み塾」を開催しています。書き読み塾は、原稿の書き方、研究誌の読書会、ミニ研究報告などで試行してきましたが定例化をめざしていく予定です。

定例研究会は、コロナ過で集まることが困難になったことや会員の居住地が広範囲であることからリアル会場とZoomオンライン会場を併設するハイブリッド形式で開催しています。会員数は20名あまりとさほど多くありませんが、専門分野や学歴や職歴等を問わず地域産業に関心があることを基本的な入会条件としていることもあって幅広い分野の会員がおられます。報告テーマも多彩で学際的な研究会となっています。

地域産業研究会では、設立以来5年間で研究誌を6冊刊行してきました。『京都の流通産業研究』3号、4号（現在、休刊中）を2冊、『地域産業総合研究』を1～4号までの計6冊です。研究誌は、ISSNコードを取得して地域産業総合研究所から刊行してきています。また両誌とも科学技術推進機構のデータベースJ-GLOBALの採録誌として採択されています。地域産業研究会の研究誌はすべて国立情報学研究所のCiNiiと科学技術推進機構のJ-GROBALのふたつのデータベースで論文等タイトルと著者名のネット検索ができるようになっています。在野の小さな研究会の研究誌ですが、学術誌として認められているということになります。

研究誌の内容も多彩です。研究誌が中小企業経営に活かされた事例があります。京都の「たにぐち」というお菓子屋さんの会長で自分史や自社の取り組みを研究誌に書かれてそれを知人に配ったところ京都生協との取引が生まれ、農工福連携につながったということをお聞きしています。また、小規模企業支援組織の企業組合職員で、企業組合の役割をどう発展させるかに心を砕き研究をして論文を発表している人もいます。労働組合の研究をしている人もいます。専門的な技術論文もあります。

地域産業総合研究所や地域団体と協同しながらシンポジウム開催やシンポジウム開催記念誌の発刊も行っています。２０２２年5月28日には高知城歴史博物館で「高知を課題解決先進地域に」というシンポジウムを、地域産業総合研究所や高知の団体との共催で実施しました。高知新聞記者、高知の中山間農家、元流通関係事業者、高知大学教授の4名の方に高知の過疎山村問題や対策を語って頂きました。討論では会場から次々発言がありました。コロナ規制下の時期でしたがリアル会場に73名もの参加者がありました。２０２３年5月21日には、高知県立大学を会場に高知の食と農に関する講演会を開催し１３０人の参加者がありました。２０２３年7月1日には「高知を課題解決先進地域に」第二弾シンポジウム「北幡シンポジウム」を、四万十川中流域山間部の深刻な過疎化が進む四万十町「きらら大正」を会場に、北幡地域の地域産業で活躍されている方々をパネリストに迎え開催しました。大雨のなかにもかかわらず１１０名余の参加者がありました。農協も撤退した過疎地の住民の生活を守る地域企業、地域の農林漁業と食文化を結ぶ企業、地域資源を活かした観光、数百年続く農地を原発には提供できないと原発建設を阻止して無農薬有機栽培に舵を切った農林業経営者の話など、興味深く実り多いシンポジウムとなりました。

深刻な過疎化が進む高知では「むらおさめ」という言葉がささやかれています。消滅寸前の村が続出し地域の産業も地域の文化も失われていく危機にあります。社会文化活動は、都市地域だけのものではありません。過疎の農山村をよみがえらせるような活動にもっと目を向けなければならないと思います。

地域産業総合研究所（地域産業研究会の連携組織）では、地域産業研究会の研究誌刊行以外に、地域産業研究会会員の森井淳吉先生の依頼で、森井淳吉編著『過疎山村の変貌』（１０００円＋消費税）、森井淳吉『私の見た東南アジア』（１０００円＋消費税）、２０２２年5月のシンポジウム開催記念誌『高知を課題解決先進地域に――過疎山村の現状と展望――』（１０００円＋消費税）、森井淳吉『わがファミリー、わが地域、そして、思いでの人々』（非売品）の4冊を刊行しました。現在、今年7月の北幡シンポジウム開催記録誌の刊行を検討しています。

地域産業研究会の運営

地域産業研究会は、一人５０００円の年会費と研究誌販売（主には執筆者買い取り）を主要な収入源として運営しています。徹底した節約を心掛け、これまで何とか収入の範囲内で運営してきています。企業でも非営利組織でも乱脈経営がもとで組織崩壊を招いたというケースがあとを絶ちません。財務面では、収入の範囲内で支出を納め経営するというのが家計でも企業組織でも基本原則です。過大な収入見込みにもとづく経営はどこかで破綻します。収入見込み以上の支出の容認は無理な収入をはかるための間違いや節度なき支出という過ちを招くことになります。会計・財務面の運営節度をはかり会員拡大によって基盤を安定させることを地域産業研究会では重視しています。

研究会準備、研究誌編集、会計等の実務体制は厳しいものがあります。現役の企業勤務者は非常に忙しく実務をお願いできないでいるなどで、望ましいことではないとわかりつつ、私が代表と事務局と会計担当を実質的に一手に引き受けている状況になっています。（私自身が、京都社会文化センターと京都自由大学の会計を同時に担当していた時の経験として、朝7時前に出勤して9時10時に帰るという生活のなか、郵便局の窓口にいくためになんとか休暇を取得しなければならない状況でした。更に京都社会文化センターが町家を借りてからは火の車の財政運営で郵便局に行けないときは家賃支払いが遅れることもありました。会計報告書類作成にもかなりの時間を要していました。仕事で心労が重なっているときなどは本当にたいへんであったことを思い出します。日進月歩の情報技術を活用しローコストで実務負担の軽減をできないか模索しているところです。）

研究会全体の運営については、運営委員会を設けてメールで審議をはかり間違いを防ぐようにしています。研究誌の編集は編集委員会を設置し、投稿原稿はすべて編集委員会にかけ、投稿者へのアドバイスや掲載の可否判断をおこなっています。なお、これまで掲載不可になった投稿はありません。版下作成を含む編集実務は、印刷会社対応も含めほとんど私一人でこなしています。（『情報問題研究』や『市民の科学』への私の投稿で、竹内貞雄さんにたいへんお世話になった経験が研究誌の編集に生きています。この場をかりて感謝を申し上げたいと思います。）

地域産業総合研究所について

地域産業研究会の設立時に研究誌は地域産業総合研究所から利益なしで発行すると決めました。これが地域産業総合研究所のスタート時点の事業です。

地域産業総合研究所の位置づけとして、所員資格は地域産業研究会会員であること、所員は地域産業研究会で発表するときに地域産業総合研究所所員として名乗ることができるとしました。これは市民科学研究所の制度に学んだことでもありますが、企業等に勤務している人は研究誌に発表するときなど勤務先名を名乗ることがはばかられる場合もあります。企業を退職して年金生活に入っている人などの場合、所属先の無い人もあります。地域産業研究会の基本的な入会資格は、地域産業に関心をもっていることと年会費を払うことのふたつという敷居の低いものです。地域産業研究会は、学歴や業績を入会資格として求める学会のような閉じた傾向のある敷居の高い組織とは大きく異なる、開かれた敷居の低い民主化された組織です。現場で働かれている（いた）労働者に堂々と入会していただいて原稿も書いて発表していただきたいということから、所属を書くことが困難な人もおられることを想定したルールとしています。

地域産業研究会も地域産業総合研究所も法人格を取得していない非営利の権利能力なき社団です。地域産業研究会も地域産業総合研究所も互いに独立した組織ですが、支えあう組織として規約上でも相互関係性をもたせています。例えば地域産業総合研究所の所員は地域産業研究会の会員に限定し、地域産業研究会会員が希望すれば地域産業総合研究所の所員となれることにしています。

地域産業研究会の意思決定は、運営委員会、編集委員会、総会といった意思決定機構の手続きを要するために、内容によっては1年かそれ以上の時間を必要とします。対して、地域産業総合研究所は意思決定機構がシンプルなため意思決定が速いという特徴があります。意思決定手続きの時間軸が大きく異なるわけです。このことはある種の柔軟性をもたらしています。例えば、まだ具体的な形がみえないが迅速な意思決定が要求される場面では意思決定がはやい地域産業総合研究所が前に立ち、あとから地域産業研究会の賛同や参加を要請するというやり方で機動的な運営を確保することです。このように地域産業総合研究所と地域産業研究会とは協同する関係にありますので、地域産業研究会総会では、地域産業総合研究所の事業報告をおこなっています。

地域産業研究会も地域産業総合研究所も、多くの皆様のご協力を頂き設立6年目を目指しています。

最後に

紙数も尽きてきましたので、京都社会文化センター等の活動を陰で支えてきて頂いた方々のなかから、中川在代さんのことにふれさせていただく事を通して、社会文化活動の射程について考えてみたいと思います。

京都市下京区の京町家をＮＰＯ京都社会文化センターが借りた年の5月の連休のころであったと記憶しています。まことに爽やかな晴天の日でした。お昼ころに京都社会文化センターの町家に着くと、きれいに掃除がされていて見知らない老夫婦と中川在代さんがお重のお弁当を広げられて食事を終えられようとしているところでした。老夫婦は中川さんのお父さんとお母さんだとのこと。その時、中川さんのお父さんが言われた言葉が忘れられないのです。

その時、寡黙そうなお父さんから発せられたのは、「娘が、ここでお世話になることになりますが、よろしくお願いします」というような短い言葉でした。その言葉は、お父さんの篤実なお人柄もあって私の心に京都社会文化センターと関わるものの責任として重くひびいたことでした。これは企業であれば経営者の責任ともいえます。その言葉に、どんな小さな事業であっても携わって頂く方に良かったと思ってもらえなければならないし、携わって頂いた人のお陰を忘れてはならないことを意識させました。地域産業研究会や地域産業総合研究所の運営にあたっていまも時々思い出しています。

もうひとつ、思い出すのは、京都社会文化センターの町家の玄関に掲げられていた市民科学研究所の表札のことです。この表札は、中川さんが習われている書道の先生にお願いされ、そういうことならと無償で書いていいただいたものです。町家から表札にする白木の板をもって中川さんと私と二人で阪急四条大宮駅近くの書道教室まで歩いてお願いに行ったこと。書いてもらった表札を大事に二人で歩いて持ちかえった時のことを昨日のように思い出すのです。

うまく言葉であらわすことができないのですが、社会文化活動の射程は、たくさんの方が支えて頂いているところから照らしだされてくるものなのかもしれません。照らす人がいて照らし出さなければ、ものはみえません。照らしだされなければ社会文化活動の思想や論理といっても、社会実体から遊離し闇の宇宙に浮いたとらえどころのないものと化しかねない危惧があります。すくなくとも支えてもらっていることに気づくことは、社会の関係性に目を向け、みえない社会の声を聞くことにつながります。そういうことをとおして照らしだされるということが生じるように思います。照らすものと照らしだされるものがあってお互いの関係を認め合うということがあって、射程の見えない活動になってしまいそうな瀬戸際で踏みとどまれる力がうみだされていると思うのです。私には、そういう力が貧しさから豊かさへという仕事を成し遂げるのだと思えます。

地域産業研究会や地域産業総合研究所は、ささやかですが、貧しさから豊かさへの道筋の一隅を照らすことを目指し活動を続けてまいります。

註

（1）『社会文化の諸相』米山俊直、福井有編、大手前女子大学、1998年。この本は大手前女子大学に社会文化学部を創設する準備の一環として作成されたものであろうと思われます。

（2）『社会経営学研究』創刊号、2002年3月、社会経営学研究会、12—20頁。

第Ⅲ部　社会文化活動の思想と論理

第8章 社会文化とは何か

中村共一

あらかじめ、結論を先取りしていえば、「社会文化」は、単なる「社会のなかの文化」を意味するものではありません。この概念は、現代資本主義の限界のなかで出現した対抗的・自律的な文化であり、「協同社会」を再構築していく倫理的・実践的な文化運動を意味します。したがって、それは、歴史的な概念であって、資本主義との関連を無視して理解できません。本稿は、この点を明らかにしようとして書かれています。

1. 自然と社会

類的な存在としての人間がつくる関係が社会です。人間は、自然に関わりながら、生存のための衣食住の生産をはじめ、さまざまな社会生活を営んできました。文化は、一般的には、人間の社会生活（欲望）のあり方を示すものであり、いわば「社会的生活様式」を意味するものといえます。したがって、文化は、さまざまに定義づけられてきましたが、抽象的・概念的には、こうした人間の一般的な活動のなかに位置づけ、理解されるべきものでしょう。しかし、現実には、本稿で明らかにするように、歴史的な社会形態とかかわった文化としてのみ存在しています。本稿のテーマである「社会文化」も、一般的な規定を受けつつも、すぐれて歴史的な文化としてある、と捉えています。

本題に入るまえに、大事な点なので、いま少し、自然と人間との関係に触れておきます。文化は、社会に成立するものですが、社会自体は、自然を前提にしなければ、ありえません。人類史は、地球を離れてありえないことからも一目瞭然です。しかし、自然と社会との関連は、一体どのような関係にあるのでしょう。通常、自然は、全体的な自然として想定しがちなのですが、果たしてそれは事態を正確に捉えたものでしょうか。

たとえば、『資本論』（マルクス）の「労働過程」では、一般的な「労働」概念を説明するさい、両者の関係――ここでの「人間」を「社会」に置き換えて読んでみてください――を、「労働は、まず第一に人間と自然とのあいだの一過程である。この過程で人間は自分と自然との物質代謝を自分自身の行為によって媒介し、規制し、制御するのである。人間は、自然素材にたいして彼自身一つの自然力として相対する」[1]と説明されているように、自然は、「たんなる自然」ではなく、労働に媒介された自然として捉えられていくものです。ですので、人間は、自らと関わり合うかぎりでの「人間的自然」（＝社会的自然）と関係しているにすぎません。ということは、人間、したがってまた社会が関わる「自然」には、それ以外の「残余の自然」が伏在することになります。マルクスは、「人間的自然」として発揮される限りでの「労働」を問題とし、したがってまた「歴史的労働」において――『資本論』ではこの限りで原理的に――分析しているにすぎません。しかし、この「残余の自然」（「自然そのもの」）は、今日の文化を捉えていくうえで、重要な論点になってきます。人間は「自然的人間」ですが、その自然の中にも「残余の自然」（「肉体」）があり、実は、その「残余」が「社会文化」と関連してくるのです。テリー・イーグルトンがいうように、「わたしたちは、広い意味で同じ肉体をもっているから共通文化を造型することができるし、普遍的なものは相互に依存できる。社会性は、マルクスが認識したように、文化よりもさらにもっと深いレヴェルにおいて、個人としてのわたしたちに関わってくる」[2]ことになるのです。

文化は、社会との関連で把握されるにすぎないのですが、現実の文化を理解するためには、もう一歩深く、自然まで下りていくことが必要となるのです。あらかじめ、この点を強調して、歴史的な考察に移っていきたいと思います。

2. 近代社会の他律文化

今日、私たちが生きている近代社会は、資本主義市場経済を基盤とした仮象（他律）社会です。

この近代社会を全体的に捉えようとすると、柄谷行人さんが「交換様式」から捉えた「近代世界システム」論が参考となります。[3] 柄谷さんは、超越論的な観点から、近代社会を、交換様式による「仮象支配」（フェティシズム）からなる構造的な社会と捉えます。すなわち、近代社会構成体（＝「資本主義社会」）は、交換様式A（ネーション）、交換様式B（国家）、交換様式C（資本）からなる客観的な仮象支配の構造としてあり、そしてまた社会構成体間に成立する世界は「世界＝経済」という近代世界システムとして捉えられるとしています。さらに、こうした仮象社会を超越するものとして交換様式Dが与えられています。[4] 近代社会の歴史的構造が、仮象社会の原理論として明快に捉えられており、私も、こうした認識に立って考えていきます。

さて、この近代社会の全体をリードしているのが、交換様式C（資本）です。資本主義市場経済は、この内容を構成し、他の交換様式を関連づけていきます。交換様式B（国家）は、法・軍事・公共政策によって、資本主義市場経済を補完し、また交換様式Aは、国民をベースにした「擬制的共同体」（「想像の共同体」）として「互酬」を特徴とし、労働力の再生産や、資本主義市場経済がうみだす階級対立を政治的に調整し、緩和させていく交換様式としてあります。

フランス革命において「自由・平等・博愛」が理念的なスローガンとなったわけですが、これらは三つの交換様式（資本・国家・ネーション）に対応しています。また、社会的生活様式としての文化も、形式的にあてはめてみれば、「資本・国家・ネーション」のそれぞれに「商品文化」（様々な消費文化）、「制度文化」（修養・教養）、「国民文化」（家族生活、社交、遊び、スポーツなど）と位置づけることができます。当然ながら、中心を占めるのは、交換様式C（資本）に成立する「商品文化」であり、生産・交換・消費の文化が、その特徴となっています。

ところで、資本主義市場経済の特徴は、資本と労働の自由を前提とし、労働力までも商品化された、最高度に発展した商品経済システムとしてあり、経済活動のすべてが仮象的に処理されています。市場経済のなかでの生産は、利潤をえるための商品生産となり、また消費も買った商品を使用するにすぎません。したがって、この市場経済は、生産者であれ消費者であれ、だれもが商品経済の論理に従っていく、仮象（商品・貨幣・資本）のフェティシズムに支配された世界としてあります。そしてまた、こうした市場経済がベースとなって、資本蓄積の欲動に牽引されつつ、他律的な社会システムを成立させているのです。

この資本蓄積の欲動は、利潤追求（剰余価値の搾取＝階級差別）を本質とした資本制的生産がその内容となっています。したがって、剰余価値を生産する労働時間の延長や生産技術の革新によって賃金を低下させる方法が、生産の特徴をつくっています。また労働者の賃金水準は、構造的に、「相対的過剰人口」による賃金低下や、女性に対する「家事労働」（無償労働）の強制によって、「労働力の再生産費」に押しとどめられています。こうした利潤生産を特徴としながら、「自由」な労働者の労働（労働文化）も、実質的には、他律的な企業活動（資本）のもとで営まれるにすぎず、機械制生産（大量生産）にともない「人間の部分化・不具化」を余儀なくさせてきたといえます。

また、この生産の発展は、企業間の競争を媒介して行われたものです。利潤生産は、たんに資本家の強欲から行われているわけではなく、この競争に強制され、継続的な追加投資（資本蓄積の拡大）が求められてくるのです。その結果、競争優位となる製品開発・技術革新が意識的に追求されていくことになります。しかし、この無政府的な資本蓄積は、市場の需要による制約を受け、過剰生産がさけられない。したがって、景気の停滞や恐慌による資本の破壊・縮小に直面する。この資本過剰は、回避されなければ、資本の危機です。が、景気の停滞や恐慌がもたらす「荒療治」（賃金削減や失業）が、新たな生産方法を生みだす契機となり、より一層の資本蓄積の拡大が追求されていくことにもなります。

　要するに、資本過剰が「市場の自動調節メカニズム」によって処理され、資本主義市場経済は、仮象的・他律的に発展していくメカニズムを内包しているのです。もちろん、混乱が無いわけではありません。労働者に対する「剰余価値の搾取」は、階級差別（労働条件の悪化や労働疎外）があることから、労働組合運動や政治闘争がさけられません。したがって、国家が、労資関係に介入し、労働争議や労働運動を弾圧する役割を演じることになります。またネーションは、階級対立を緩和する「市民社会」として活用されてきました。さらに、国内の資本過剰を解決するために、国家は、帝国主義的な政策をとり、原料獲得や市場拡大をもとめて植民地獲得や戦争に乗りだしていきます。

　このように近代社会は、資本主義市場経済の仮象的・他律的な再生産システムを駆動力とし、また他の交換様式を動員しながら、自らの社会を存続させているのです。もちろん、社会は、それで完結しているわけではない。このシステムの外側に、自然が位置し、近代社会の存続もそれを無視できません。資源やエネルギーといった「社会的自然」ばかりではなく、自然自体が、たえざる自然搾取を受けながら、社会を支えています。また、労働力もった「自然的人間」も、社会のソトに「余剰」（肉体そのもの）をもっています。労働力として適・不適、優・劣が選別され、有用な労働力が利用され、無用な労働力は捨てられているのです。この排除は、賃労働者の「死」を意味します。資本主義市場経済の発展は、こうした自然や人間に対する暴力と化し、またそれゆえに、自然からの「反逆」を受けることになります。

3　資本主義の発展と社会危機

　資本主義市場経済は、19世紀末葉以降、重工業を発展させ、株式会社制度による資本の蓄積・集中を展開してきました。そこで形成された巨大な固定資本は、膨大な過剰資本の処理を困難化させ、金融危機・恐慌が繰り返される現代的な市場経済をつくりだします。「金融危機・恐慌」は、景気の後退・停滞ばかりでなく、国家による帝国主義的な侵略を引き起こす経済的な要因となっていくのです。また第二次大戦後、先進資本主義諸国では、金本位制が廃止され、管理通貨制度がとられてきます。さらに、財政投融資政策の展開、公共投資・軍需予算の増大、雇用・賃金対策や社会保障など、国家が経済（資本蓄積）に介入する政策がとられ、それらが現代的な資本蓄積を支えています。

資本過剰の現代的な処理は、こうした国家の経済への介入を特徴としながら、資本の「過剰蓄積」を進展させ、さまざまな「社会危機」を産み落としていくのです。それは、他律的な再生産システムが、社会存立の諸条件を失っていくことを意味しています。

羅列的ですが、そのプロセスに視点を合わせながら、今日的な特徴をみていきます。

まず、資本蓄積の「金融化」です。市場原理主義を基調とする新自由主義[5]は、資本（直接投資・間接投資）のグローバル化を促進してきました。独占的大企業は、国家を超えた事業経営を展開させながら、他方で、金融投機に走る「カジノ経済」に結びついています。資本過剰は、その処理の方法を、産業から金融へシフトさせているのです。金融資本——これまでは産業利益と結びつき補完的な役割を果たしていましたが——は、証券市場を改革し、「資本が資本をつくりだす」といった「過剰蓄積」のシステムを築き上げたのです。その結果、株式や国債ばかりでなく、高度な証券化技法による金融商品が膨大化し、擬制的な資本蓄積の方法が横行することになりました。そしてまた、不安定な「実体経済」を背景に、この証券投資への暴走が「金融危機」を引き起こしていくことになります。こうしたマネーゲームは、金融資本が、証券市場に住みつき、社会生活（「実体経済」）から遊離していくことを意味します。また投資家の利益は、驚くべき「所得格差」（「世界の99％を貧困にする経済[6]」）をうみだし、グローバルな貧困や難民・飢餓をつくりだしてしまう。資本の「過剰蓄積」は、自らが立脚する社会自体を破壊しつつあり、まさに歪んだ狂気な世界を出現させてしまったのです。

ところで、独占的大企業の投資は、海外にも目を広げています。世界経済の政治的、社会的な諸状況のなかで、より有利な条件（賃金の低さ、女性差別の有無、労働運動の弱さ、低税率など）を求めて、資本輸出を展開していきます。そのため、たとえば、新興国の労働者の低賃金が、資本輸出国である先進国の労働者の賃金を下押しする役割を果たしていきます。グローバルな労働者間の競争が創出され、国家を超えて賃金低下を誘導していくのです。他方、企業にとって不都合な条件も避けられない。もともと、資本には国境がなく、自らの発展とかかわるかぎりで、国家と国境を利用しています。そのようなインターナショナルな性格ゆえに資本は、特定の領土と文化・民族に対立していきます。したがって、ナショナルで歴史的な独自文化をもつ他国家との間には、つねに軋轢が生じてくる可能性があります。[7]戦後世界の「南北問題」がその典型的な特徴といえますが、今日では、その対立は、帝国主義的な国家対立となり、紛争や戦争――イラク戦争、シリア紛争、ウクライナ戦争、「米中対立」――に至っています。その結果、移民や難民が増大し、自らの国家も棄てざるをえません。

さらに、資本のグローバリゼーションは、国内のネーションの解体をもたらしています。

保守政党の独裁体制が強化され、新自由主義は、規制緩和や民営化によって過剰商品（文化）化を促進し、ネーションの「公共文化」を衰退させています。また独占的大企業は、基幹労働者を「中心」にすえ、一定の有利な条件（地位と賃金）を保障しつつ、他方で、その「周辺」には差別された派遣労働者群、さらには、下請・孫請、中小・零細企業などを配列しています。こうした階層的・差別的な就業構造を背景にしながら、「社会の分断」が進行しているのです。

また、「商品文化」（とくに中産階級の）をベースに、新たな「文化政治」――情報・メディア産業はその前線部隊を担っています――が展開しています。「ステータスの高・低」や「所得の多・少」の差異が、「個人の運命」（「勝ち組」「負け組」）とみなされていきます。「その人らしく」という商品文化は、社会差別の現実にそってみれば、差別を「自己責任」に転化させていくイデオロギーとなるのです。こうした「商品」文化による「格差・差別」が、少子化・いじめ・家族崩壊、そしてハラスメント・犯罪・殺人などの事件を引き起こし、また個性差別による「社会的排除」が重なって、「ひきこもり」や自殺に追いやっていく契機ともなります。さらに、「自己抑圧」化された市民の反発・反抗・暴動に対応し、権力的な「監視社会」が構築されています。結局、ネーションという「互酬関係」の解体は、個人の「生きづらさ」——身体的個性の差別・排除——と結びつき、人間存在を危うくさせているのです。

最後に、自然です。資本制的生産は、自然を前提としながらも、その自然は、資本の利益と結びついたものです。現代の大量生産は、あくまでも「歴史的生産様式」にあり、自然への資本主義的な関わり方を示しています。そのため、利用する自然以外の自然が無視されていくことになります。結果として、自然に対する大規模な「乱開発」は避けられません。またその生産過程にあって、そこで生じた廃棄物の処理は、利益を損なう無駄なコストとみなされ、自然投棄や環境汚染が当然視されていきます。つまり、資本主義市場経済には、もともと「廃棄」の機能がなく、その責任を引き受ける能力がない。したがって、資本主義には、反社会的な根本的な欠陥があるといえます。今日のように資本蓄積がグローバルに行われれば、その被害は地球の果てまで及んでいく。森林伐採や生態系の破壊から、公害、地球温暖化、海洋汚染、核の放射能汚染など、自然全般にわたる環境破壊が生じるのも、必然的な帰結なのです。

4. 社会文化の創出——人間の自由——

近代社会は、自然や人間に立脚した「社会」の存立を危うくしています。自然の上に立った「資本蓄積の拡大」（経済成長）が自然そのものを破壊し、「社会危機」をもたらしているのです。それでもなお、資本主義の「自滅」はありえません。資本は、宇宙ばかりでなく、地獄の果てまでも、「延命」しつづける「不死鳥」のようです。ならば、外部から、人間自らの手で、資本主義を死に追いやり、近代社会システムを超える未来をつくりだしていくしかありません。だが、それはいかにして可能か。

テリー・イーグルトンは、つぎのような指摘をしています。

「わたしたちは象徴動物であると同時に肉体的動物でもあり、潜在的に普遍的であるが腹立たしいほど限界もあるがゆえに、わたしたちには傲慢な挑戦を行なう能力が組みこまれている。わたしたちの象徴動物としてのありようは、肉体の感覚的制約からわたしたちを抽出するが、それによって、わたしたちはみずからを乗り越え、破滅にいたる。言語動物だけが核兵器をつくることができる。そして物質的動物だけが、核兵器の犠牲になる。わたしたちは、自然と文化の、物質性と意味との、みごとな統合であるというよりも、天使と野獣のはざまにとらえられている両生類なのである。[8]」

彼は、人間を両生類に例えながら、「象徴的動物」(仮象社会)の限界を指摘しつつ、「肉体的動物」(自然そのもの)の存在に着目していくのです。というのも、後者は新たな人間社会を創造する立脚点になりうると考えるからです。

「わたしたちは、広い意味で同じ肉体をもっているから共通文化を造型することができるし、普遍的なものは相互に依存できる。社会性は、マルクスが認識したように、文化よりもさらにもっと深いレヴェルにおいて、個人としてのわたしたちに関わってくる。もちろん個々の人間の肉体は、その歴史、ジェンダー、エスニシティ、肉体的能力などによって異なる。しかし、個々の肉体は、言語運用とか労働とかセクシュアリティにおいて異なることはなく、それゆえ、そもそものはじめにおいて、わたしたちはたがいに潜在的に普遍的な関係にはいることが可能となる。[9]」

この指摘は、抽象的な可能性をしめすにすぎませんが、現実に、「肉体的動物」=「個人」(自律的存在)に立脚した社会運動が無いわけではありません。協同組合、非営利組織、地域の再建、「連帯経済」など、個人の自由・平等に立脚した「アソシエーショニズム」の運動は、そうした根源的な志向性をもっています。それらが、実質的に、「資本制の外に超出する運動」構造[10]となっていくかぎりで、自律的な「連帯形式」として社会を変えていく力になっていくものといえます。これこそ、倫理的・実践的な「社会文化」だというべきでしょう。階級、性、人種、障害者などの社会差別を、根本的に解決していく自由が、そこにあるといえます。

この「社会文化」は、近代社会システムを根本的に転換していくことを意味しています。が、「歴史法則」的な未来社会を想定するものではありません。未来はすぐれて創造的・過程的なものとして考えるのです。さらにいえば、社会それ自体を創造する自由を人間自身が獲得していく歴史的挑戦ともいえます。自由は、所有の自由ではなく、真正の人間諸個人に根拠をもち、その自律的な連帯において「社会文化」が創造されていくところにあります。「社会文化」は、「社会危機」から脱却していく主体的個人の「希望」ではないかとも思うのです。

註

(1) K・マルクス『資本論』(マルクス=エンゲルス全集第23a巻)大月書店、1965年、234頁。
(2) T・イーグルトン『文化とは何か』松柏社、2006年、270頁。
(3) 柄谷行人『世界史の構造』(岩波書店、2015年)、『力と交換様式』(岩波書店、2022年)。
(4) 交換様式Dは『力と交換様式』(岩波書店、2022年)も参照されたい。なお、私の「社会文化」論は交換様式Dと関連づけて捉えていこうとするものです。
(5) D・ハーヴェイ『新自由主義』作品社、2007年。
(6) L・E・スティグリッツ『世界の99%を貧困にする経済』徳間書店、2012年。
(7) 篠原三郎『〝大学教授〟ウェーバーと〝ホームレス〟マルクス』晃洋書房、2015年。114―117頁参照。
(8) T・イーグルトン、同上書、236―237頁。
(9) T・イーグルトン、同上書、270頁。
(10) 柄谷行人『世界史の構造』岩波書店、2015年、391頁。

参考文献

・篠原三郎『現代管理社会論の展望』こうち書房、1994年。
・テッサ・モーリス＝スズキ『自由を耐え忍ぶ』岩波書店、2004年。
・カント『永遠平和のために／啓蒙とは何か』光文社、2006年。
・ウォーラー・ステイン『入門・世界システム分析』藤原書店、2006年。
・テリー・イーグルトン『文化とは何か』松柏社、2006年。
・レイモンド・ウィリアムズ『共通文化にむけて』みすず書房、2013年。
・サスキア・サッセン『グローバル資本主義と〈放逐〉の論理』明石書店、2017年。
・柄谷行人『力と交換様式』岩波書店、2022年。

第9章 原子力時代のアソシエーションと社会文化

馬頭忠治

はじめに

私たちは、一体どんな時代に生きているのでしょうか。このことを問わずに人間のつながり、さらには協同や連帯などを意味するアソシエーションは語れるはずもありません。

したがって、アソシエーションを、生産様式や交換様式の問題として捉え、深めていくのではなく、原子力時代に生きていることを前提に、それを乗り越えるアソシエーショナルな関係を、どのように全体として生み出し社会文化としていくのかを問うべきなのです。

といのも、物質とは何かという根源的な問いを根底に据えた科学は、原子力時代を誕生させたのです。科学は遂に、これまでの物質的に制御可能な範囲や、原因と結果という因果律の関係を超えて、人間がコントロールできない超自然的な不測の事態を引き起こし、人類を脅し続ける世界を誕生させたのです。

だからこそ、この超自然の原子力時代を人類はどう生きていくのかが切実な問題となるのです。しかも、科学に過剰な期待もできなくなりました。少なくとも、核技術を保有する大国が、どんな権力をもち、どんな世界を戦略的につくろうとしているのかを問い、その問題性を共有できないと世界は分断されるばかりとなるのです。アソシエーションどころか、不安と不透明性を常態化させ、それを養分にして、私たちに、核兵器と原発に依存する以外の選択肢を与えず、彼らの世界戦略に服従させられることになります。

したがって、私たちは、この世界戦略を超える新しい平和やそれを支える人間の責任にもとづく社会文化を持つことができるのかという世紀的なテーマに挑戦しなければならないのです。ですが、いまのところ、この問いに対して、思想的に哲学的にはっきりと答えられてはいないのです。そのため、核兵器の開発やその抑止力＝核の傘に対する批判や原発神話批判が多々されるのですが、どこか絶望的な疑念を払拭できずに人間性を苛なむ精神構造（無関心、無力感、知的・倫理的怠惰、思考停止）が出来上がっていくのです。この意味で、原子力時代は、人間の危機の時代なのです。

だからこそ、新しい時代をどのようにつくっていくのか未だ定まらず、共有もできていないことに屈することなく、原子力時代を哲学できるようにならなくてはならないのです。

私たちは、既に『市民の科学　第4号』（２０１２年）で、「原発はいらない――共生社会の市民科学――」を議論してきました。そこでは、原発の現状を踏まえ、その安全という神話を総体として批判してきましたが、ここでは、もう少し、戦後史に立ち返って、隠され問わずに来た政治構造を明らかにし、また、戦争の罪責を踏まえたハンナ・アレントの主張にも学びながら、以下、「原子力時代とは」を哲学していきます。

1．原子力時代とは

（1）原子力の支配

原子力時代が始まったのは、１９４２年12月２日です。米国シカゴ大学の実験原子炉でウラン核分裂の連鎖反応が起き臨界に達したのです。それは、第２次世界大戦のなか、原子爆弾を開発するため秘密裏に進められたマンハッタン計画の一環のことでした。指揮したのは当時既にノーベル賞を受けていた物理学者エンリコ・フェルミでした。ファシスト政権下のイタリアから亡命してきた人物です。

45年5月にドイツが降伏した後、アメリカは、原爆を、8月6日広島に、9日に長崎に投下して、夥しい人間を殺戮したのです。その戦争責任は一切、取られていません。

そして、53年となって、アイゼンハワー米大統領は「平和のための原子力」(Atoms for Peace) を掲げるようになりました。この軍事から民間活用の戦略にそって、日本も55年に原子力基本法を制定し、63年に茨城県東海村で国内初の原子力発電にこぎつけたのです。その後、54基の原発が設置され(東日本大震災発生前)、核エネルギーが人々の日常生活に浸透し、なかでも東京という巨大都市のエネルギーの約半分を、直線距離で約200キロメートルの福島原発と柏崎原発が支えるような構造が出来上がっていきます。すなわち、電力供給を介して、都市／町開発と原発はワンセットとなり、その安全と収益（電気料金や原発関連の補助金なども含む）の確保が大都市と地方の成立条件となっていきます。そうして、それ以外の選択を著しく困難にさせ、私たちを思考停止状態に追い込んでいきました(1)。

それればかりではありません。本質的に、原子力の知識や技術は軍事目的によるものであり、したがって核兵器を開発するにせよ、抑止力として肯定するにせよ、戦争を開始し終結する力は、核兵器をもつ国だけが持つという世界構造がつくられ、政治は戦争と切り離せなくなってしまっています。

さらに、原発は、高レベルの放射性廃棄物の処分技術を開発できないまま、災害やテロなど想定外のトラブルで制御不能となることが避けられません。その恐怖から逃れようがないなか、その毒性の不断の管理へと駆り立てられていくのです。現場は、ミスの許されない緊張の連続となり監視するだけです。普通の労働現場とは著しく異なる「労働」に追い込まれているのです。

だとすると、あらゆる反核は、こうした不断の管理や監視による制御も含め、政治と戦争の連続性、都市開発、戦争責任などに全体として立ち向かうことでなくてはならなくなります。私たちは、だれもが原子力時代を終わらせることを決意し、異議申し立てをし、それを新しい生活様式に高めないかぎり、反核は完了しないのです。

2011年3月11日に東北大震災によって、福島原子力発電所は炉心溶融を起こす世界最大級の過酷事故を起こしました。溶け落ちた880トンの核燃料デブリが処理できない限り、いくら汚染水を処理水と言いかえ海洋放水しようが、風評被害だけが問題であるかのように喧伝しても、そのリスクは依然、無くならず過酷事故は終息することはないのです。当たり前です。原発をその核廃棄物処理を含め、すべて停止し処理する技術力を持たない限り、決して終わりません。しかも、現状は悪くなるばかりで、この10年以上になっても過酷事故について徹底究明は遅々として進みません。しかも原発の耐久性への確証が定まらないなか、原発の稼働が延長されるという安全神話をかなぐり捨てて、政治的に原子力時代を延命させようとします。

やはり、私たちは、原子力の危険性以上に、そもそも原子力時代を生きるとはどういうことなのかを哲学することなしには、これからの時代をユートピアとして語り描くことすらできないのではないでしょうか。この意味で、原子力時代とは何かを哲学することは、決して疎かにしてはいけないのです。

(2) 原子力支配の歴史性

まず、指摘しなければならないことは、日本の原子力政策が政治家主導で、ある意味、唐突に始まったということです。1954年1月「原子力発電の経済性」という文章が米国国務省から日本に送付され、3月に「中曽根予算」と呼ばれた原子力関連予算が計上されます。原爆体験から10年も経たずに政治家の責任だけで、この予算案をつくり国会審議に持ち込んだのが、当時の改進党の代議士中曾根康弘、斎藤憲三ほか数名であったのです。(2)

しかも原子力推進委員会の初代委員長は、正力松太郎でした。周知のように正力松太郎は、読売新聞社主であり、日本テレビ放送網代表取締社長であり、CIAのpodamという暗号名をもつエージェントでした。このことはすでにCIAのHPで公開もされていますが、そのことはともあれ、読売新聞は1954年1月1日から一ヶ月にわたった「ついに太陽をとらえた」を連載し、莫大なエネルギーを供給することのできる核技術は、人類にとって太陽に代わるものと喧伝したのです。

もう少し敷衍すれば、この米国戦略のもとでの、原発の政治主導は、日本は憲法に明記した平和のための国際主義を簡単に放棄し、日米安保体制へと進めます。そして、ことごとく、その後の政治体制を脱憲法へと既成事実化します。たとえば、プラザ合意がそうです。これによってアメリカのドル高を是正するための協調介入によってドル安と日本の対米貿易黒字の削減が合意されていき、80年代の大都市開発が着手されていきます。つまり、都市のもつ活力を、国家と巨大資本によって私物化する政治を生み出していくのです。

この歴史を簡単に振り返っておきます。1951年、朝鮮戦争のさなかに、日本はサンフランシスコ講和条約に調印します。この講和は、ソ連、中国、韓国などの多くの国を排除したもので、片面条約と呼ばれました。そのなか、旧安保条約が交わされた51年に警察予備隊がつくられ、それは52年には保安隊に、54年には自衛隊と防衛庁が編成されていきます。戦争責任をたなざらしにしたまま、平和憲法は捻じ曲げられ、憲法前文において明記した「政府の行為によって再び戦争の惨禍が起ることのないようにすることを決意し……われらは、全世界の国民が、ひとしく恐怖と欠乏から免かれ、平和のうちに生存する権利を有することを確認する」という国際主義を放棄していくこととなったのです。

つまり、自らの戦争責任を果たすこともなく、全世界の人々の生存に尽くす責務をなおざりにして、一気に米国の原子力に依存する政治的展開となったのです。穿ってみれば、一部の政治家たちは、戦後の平和憲法と民主主義を危機と捉え、その危機の突破口を日米関係に求め、かつその危機を超える自らの政治権力を手に入れることに唯々諾々となっていたとも取れるのです。

その後、内務省出身の中曽根康弘は、首相として、85年の米国とのプラザ合意のもと、86年には「民活法」を制定し、87年には「第四次全国総合家開発計画」を策定します。それによって、原子力依存の大都市東京をさらに政治的に改造していきます。

国有地・公有地を民間企業に払い下げ、民間資本によって都市開発を行う政策によって、とりわけ厖大な土地投機資本が東京など大都市に投下され、バブル経済を引き起こしながら大都市が改造されていきます。東京圏における臨海都市開発やレインボーブリッジ、つくば研究学園都市などの数々の巨大プロジェクトは、70年代の労働運動や住民運動が革新自治体を誕生させながらの都市に生長するようになった新しい社会文化をまるごと挫き、転覆し報復しようとする国家による社会秩序の再編でもあったのです。生き生きとした生気のある市民の社会文化は頭ごなしに否定して、制圧し管理する政治文化へと変質させたのです。

それればかりではありません。利権国家の形成となりました。「利権づくりのプロジェクトの中核部分にある『アイデア（提案）』と『企画』、それを国家権力できちんと裏打ちして保護して実行できるようにする『立法化』と、プロジェクトを是が非でも実現に導いて行く『強い政治力』」によって、さらには「官僚を動かせる政治的影響力」によって社会開発されていったのです。[3]

こうした政治体制を根本的に問い糺すようになったのが、１９９５年の阪神淡路大震災でした。この経験を通じて、市民は、ボランティア活動を社会に定着させ、特定非営利活動促進法の制定にこぎつけ、ＮＰＯ活動を活発にしたのです。私は、その動きを「自発的に協同する関係」の経済＝「ボランタリー・エコノミー」の台頭と捉えました。[4] そして、２０１１年の３・11をむかえたのです。

さらに、新自由主義が跋扈するなか、Governance without Government という新しい世界構造をつくだした権力に対して、世界は社会連帯経済に向かいました。[5]「よりよい生活」「よりよい世界」のために地域共同体の連帯性を深めていくGSEF（Global Social Economy Forum）という国際フォーラムが２０１３年に開催されるようになったのです。

しかしながら、全体として、原子力の「平和利用」と核兵器をもつ資本主義に変質し、ますます政治を戦争から切り離すことができなくなっていきます。すなわち、核保有国は、原発の商業的な利益ではなく、核の傘による世界支配のために、「仮想敵国」をつくり、その恐怖を煽りながら、情報をコントロールし、武器売買や戦争支援、クーデターなどの紛争から巨万の利益を国家から吸い上げるようになっていくのです。日本も、そのターゲット戦略から逃れることなどできないのです。このため、私たちは世界の人びとと共に、平和を社会の底から、日常生活から作り出すしかなくなっていきます。

（3）敗戦国としての選択と政治イデオロギー

　こうした歴史的な流れについては指摘するだけに止め、ここで考察すべきは、日本の「戦後」であり、その連続性です。このことはこれまでの簡単な振り返りからも理解されることですが、「戦後」は敗戦国としての「戦後」でした。つまり、「戦後」は、日本が自らの力で復興したわけではなく、ＧＨＱというアメリカ占領軍のもとでの平和と民主主義社会への、その実、米国の植民地への「離陸」期であったのです。このことを十分に踏まえなくては、原子力時代は何事も語れません。

　というのも、「戦後、合法化された日本共産党さえ、当初は、占領軍を『解放軍』と規定していた。そのような時代に、反米を意味する反核の運動が可能なはずもない。原爆の悲惨さを訴える言説が、大衆的な運動へとつながる文脈はなかったのである[6]」という状況だったのです。

　また、日本を「唯一の被爆国」と見るようになったことも反省されなければなりません。広島・長崎に先立つ１９４５年７月16日に、米国はニューメキシコ州で、人類初の核実験・トリニティ実験を敢行し、その後も、当時米国の信託統治領であったマーシャル諸島で実験を繰り返し、そこに住む少数民族を被爆させています。その後、ソ連邦（１９４９年）、イギリス（１９５２年）、フランス（１９６０年）、中国（１９６４年）と続く核実験においても、多くの周辺地域の住民が被爆しています。さらに、「アトミック・ソルジャー」と言われるように兵士たちも被爆しているのです[7]。

「唯一の被爆国」は捏造であり、ひろく被爆者が連帯することを阻止するもので、敗戦を被害者のそれにして、加害者であることの責任を自覚し深く反省することをおろそかにしていく役割を果たすものでもあるのです。

だから、原子力の平和利用を否定しない、できないという状況が続いたのです。マルクス主義者で著名な理論物理学者の武谷三男もそうでしたし、1952年の日本学術会議のよる原子力の平和三原則（原子力の研究と利用に関して公開、民主、自主の原則を要求する声明）も同じく平和利用を否定するものではなかったのです。

こうしたため、1954年の第五福竜丸事件を契機として、やっと広島・長崎の記憶が呼び覚まされ、反核と反戦の意識が高まり、同年8月23日に原水爆禁止国民大会が東京で開催され、9月には「原水爆禁止日本協議会」（原水協）が結成されたのです。

とはいえ、日本の世論は、読売新聞が1954年1月1日から一ヶ月にわたった「ついに太陽をとらえた」を連載したように、原子力が輝かしい未来のエネルギーとしてシンボライズされ、それを希望としたのです。つまり、反核と推進の両者の間の矛盾は深く認識されることはなく、絓秀実が指摘するように「原爆の被害者だからこそ、原子力の平和利用を特権的に推進する権利が日本人にはある、という論理がまかりとおっていた(8)」のです。

しかも、冷戦構造のなか、米ソの核の傘が世界を支配していたという歴史的制約があって、たとえば、ソ連邦の核実験は、アメリカの軍事的ヘゲモニーを次第に失墜させ、原子力の平和利用への途を拓いたという意味で、平和的な原爆であるというロジックがまかり通ったのです(9)。「科学」を標榜する当時のコミュニストにとって、原子力エネルギーの開発は、科学的に正しいものとされ、いわゆる生産力理論がまかり通うような唯物史観に囚われていたのです。つまり、原子力時代に応えられる科学を深める哲学が未成熟だったのです。

日本において反原発という方向が出てくるのは、や

は り、1968年の世界的な学生反乱があってのことだと思われます。体制批判的な政治意識を世界的に獲得するようになってからです[10]。そして、原発建設に反対する地域住民闘争が組織されるようになり、ようやく運動的にも思想的にも原発批判が展開されるようになっていくのです。

2. 原発批判と原子力時代の哲学

しかしながら、原発批判は、原発は計算不可能なほどにそのリスクが高いから廃止せよという類いのリスク論では、簡単にそのリスクは計算可能であり、また防げるという論理に反転することは避けられず、膠着するようになります。だから、私たちは、そうした認識と批判を超えて、本質的に「原子力の平和利用」の政治性を論証するしかないのです。

高木仁三郎が指摘するように、原子力を「技術的に規定できないために、政治的におさえるしかない」のであり、したがって、政治しか対応できないほどに「原子力技術は本質において、歴史的に見ても技術の実態を見ても、きわめて破壊的な性格を持つもの[11]」ことを深く捉えなければなりません。

これまで資本主義は、技術を産業と経済の必要性から発展させました。蒸気機関が生まれ内熱機関が発達し、それが産業と結びつくように技術改良され一つの技術体系となり機械制工場の成立となったのです。しかも、商品市場を介して経済的に成り立つかどうかが問われ、労働し管理するシステムが開発されたのです。それが資本主義の歩みでした。

ところが、「原子力はそうではなくて、むしろいきなり政治的に、開発すべきであるという状況が与えられてしまいます。それに対する技術の備えとか産業的な備えなどはまったくなかったけれども、政治的に上から『平和利用』というものを、これはかなり強引に押しつけられてきました[12]」。しかも、国家権力や金融資本の思惑もあったのですが、冷戦構造のなか原子力の開発を政治的に進めるイデオログーが跋扈したのです。

だから、一般に産業界は、なかなか原子力に手を出さなかったのです。現実的に、石炭や石油という安く効率のいいエネルギーがあり石油文明をめざしたのです。

　このあたりの状況について、高木仁三郎は、J・W・クーンの『原子力産業における科学上・経営上の人的資源』から次のような文章を引用して理解を深めています。すなわち、「電力の公営化という脅しに屈して、電力会社数社が大型原発計画を進めることにしたが、企業側は誰も原発から利潤を期待していなかった。……（略──引用者）…『民間企業の地位を守りたいがために、われわれは踏み出したのである。それに投じた金も民間セクターを守るための賭金であった』と、ある会社社長を語っている」ことを紹介します。その上で、高木仁三郎は、「政府には、鳴り物入りで進めてきた核兵器開発の技術を民間企業に民事利用としてやらせるという、ある種の大義名分があるわけです」とも付記します[13]。

　このように、民間セクターではなく、政治が、原子力の時代を決定づけていったことが理解できるのですが、それは、戦後、戦争責任を放棄し、また戦勝国も敗戦国もその共犯性を不問にしたことに深く関係しているのではないでしょうか。東京裁判にしろ、ニュンベルク裁判にせよ、戦勝国の敗戦国に対する戦後処理であって、戦争それ自体に対しての政治責任や贖罪を世界史的に共同して負い、哲学し思想に高めようとしなかったことが、結局、核支配の戦後政治を許していったと考えられるのです。

　さらに言えば、その背景には、西洋文明の終焉そのものが意識されるようになってきたという根源的な問題があります。ドイツのシュペングラーも、フランスのド・マゼオンも、共に『西洋文明の没落』という題の著作を上梓していますし、ドイツのカイザーリングの『哲学者の旅日記』、スウェーデンのヘルマン・ケーの『ヨーロッパの破産』も出版されています。小説ではイギリスのコナン・ドイルが再三ヨーロッパの衰亡を説いていますし、詩人カーペンターも同じです。アメリカのロスロップ・ストダード『有色人の勃興』もそうです。これらがヨーロッパ大戦の末期から、大戦の直後にかけて出版されているのです[14]。

そうした西欧の覇権の衰退と文明没落の危機意識があって、かつヨーロッパに代わって米国が世界の覇者となろうとして、核支配が政治的に動機づけられたことが、こうした書物からも理解できるのです。

しかも、戦争は帝国主義戦争で領土の再分割でしたが、それは、西洋の植民地主義と奴隷制度を歴史的に清算することなく、しかも、その罰責を一顧だにしてこなかった歴史的な結果でもあるのです。

さらに、もう一点だけ指摘すると、先に見たように、原子力が近代科学の発明であるのですが、科学技術では制御できない超自然的エネルギーでもあるという問題です。原子力の本質的な危険性と、その支配者にとっての魅力が、この超自然的エネルギーに根拠を持つのです。このことを最初に指摘したのが、哲学者マルティン・ハイデッガーですし、その弟子、ハンナ・アレントです。

アレントは、核エネルギーによって「地球上で自然には生起しない過程が世界を創ったり破壊したりするために地上にもたらされてくるのである。こうした反応過程自体は地球を囲む宇宙からやってくるのであり、いま人間はそれを自分のコントロール下に置くことによって、もはや自然生物としてではなく宇宙の中で自分の行く道を模索しうる存在として…略…振舞っているのだ」。したがって、「最初の原子爆弾について知った時に人類を襲った恐怖は、宇宙からやって来た、文字通り超自然的なエネルギーに対する恐怖だったのである[15]」と、人間がこれまでつくってきた世界をいとも簡単に破壊していくものであるというのです。

戦争は、原爆によって、「敗戦国の殲滅をもって終わる」ものとなり、政治的に交渉し共存する可能性のないものにして、結局「政治そのものまでも絶滅させ始める」ものに変質していくのです[16]。事実、原爆は新兵器として「わざわざ人口が密集した都市で試された」のであり、それに対する「激しい憤り」を承知の上で、「大国の一般幕僚たち」は、それを「多少なりとも先取りするもの」だったし、無条件降伏を要求するものとなったのです。[17]この殲滅の思想と無条件降伏は、原子力時代の所産なのです。

おわりに

戦後の政治は、核兵器があるため戦争と切り離すことができず、しかも、原発は都市開発と都市的生活様式を永続させるしかなく、その実、安心と安全の神話によって西洋文明と科学支配の延命と再生を、国民全体とか民族全体の絶滅をつきつけられながらはかり、経済成長したのが戦後日本の歴史であったのではないでしょうか。

しかも、日本は、敗戦を「玉音放送」によって終結させ、「天皇親政」を戦後の出発点に据え、旧体制を温存させ、[18]かつ戦争責任を、東京裁判に一本化して、国民的に問うことを避け、被爆国であることを強調して不問にしていったのです。

以上から、新しい政治と社会文化は、生産様式や交換様式の延長線にはないことは明らかです。そうではなく、私たちは、核エネルギーを手放すという思想を哲学して、その政治を社会文化として埋め込んでいくしかないのではないでしょうか。それは物質文明にもどることではなく、また、科学技術に縛られることも無く、人びとがアソシエートして、責任をもって意思決定できる自由な社会となるはずです。

アレントは、「政治の目的は『人間』というよりも、人間と人間の間に生起して人間を超えて持続する『世界[19]』」と捉え、「政治的人間の自由は、紛れもなく他者の存在と平等性に依拠[20]」しているとします。さらに、政治理論と道徳規範は、「人間が自分自身に求める文明化された態度に関わりがある[21]」としています。そうした政治的自由のための哲学がいるのです。

註

（1）この点を最も意識して、現代の原発立地の日本地理的状況から日本人が何を失い、何を生み出したかを明らかにしようとするのが、矢部史郎『原子力都市』（以文社、２０１０年）です。

（2）國分功一朗『原子力時代における哲学』晶文社、２０１９年、60頁。

(3)板垣英憲『利権はこうして作られる』KKベストブック、1991年、33頁。
(4)馬頭忠治「市民事業が市民社会をつくる」、同「地域の協同事業としての有機農業」、鹿児島経済大学地域総合研究所編『ボランタリー・エコノミーと地域形成』日本経済評論社、1998年、所収。
(5)この点については、馬頭忠治「資本主義のガバナンスと民主主義と経営学」、重本直利編著『社会経営学研究―経済競争的経営から社会共生的経営へ―』晃洋書房、2011年、所収。
(6)絓秀実『反原発の思想史―冷戦からフクシマへ―』筑摩書房、2012年、19頁。
(7)絓秀実、同右書、16―17頁。
(8)絓秀実、同右書、23頁。
(9)絓秀実、同右書、30頁。
(10)絓秀実、同右書、31頁。
(11)高木仁三郎『原子力神話からの解放―日本を滅ぼす九つの呪縛――』光文社、2000年、106―107頁。
(12)高木仁三郎、同右書、63頁。
(13)高木仁三郎、同右書、65―66頁。
(14)福澤桃介『西洋文明の凋落――東洋文明の勃興――』復刻版 ダイレクト出版、2022年、9―10頁。
(15)ハンナ・アレント『政治の約束』高橋勇夫訳、ちくま文庫、2018年、277頁。
(16)ハンナ・アレント、同右書、279頁。
(17)ハンナ・アレント、同右書、278頁。
(18)岩田重則『「玉音」放送の歴史学』青土社、2023年。
(19)ハンナ・アレント、同右書、304頁。
(20)ハンナ・アレント、同右書、294頁。
(21)ハンナ・アレント、同右書、284頁。

第10章

市民社会形成と市民経営体
――「補完」かオルタナティブか――

重本直利

はじめに

本章は2000年1月のNPO法人京都社会文化センター設立にあたっての私の考え・思いを述べた原稿をベースにしたものです。※この考え・思いは今も変わっていません。京都社会文化センター活動の私の原点です。それは、「二十一世紀市民経営体は、少しずつ『公共空間の形成にむけて』、『継続的な事業として』、また『財政的裏付けと実務的能力をもって』進めていくことが求められている。今、問われているのは、この日本社会の中に新しい人間関係の形成のための『場』を確保していくことである」という考え・思いです。

1．経営のあり様
――社会経営と市民経営の視点――

社会の機能と構造によって深く刻印された経営のあり様、このことによって社会の機能と構造が身動きのとれない強固なシステムとして私たちを拘束しています。現在、社会と経営の両者のあり様の不可分性が高まっています。こうした社会状況の中で、この経営のあり様を個別経営にとどまらない「社会経営」という捉え方がますます重要な意味をもつようになってきています。

市民社会活動の必要性も日々の生活体験から痛感させられる状況にあります。この体験とは、例えば、規範性の解体、受容・妥協・肯定の論理、やさしさの病理、管理と規範、アイデンティティの拡散、因果関係の不透明さ、コミュニティ崩壊などがあげられます。こうした中、市民社会形成の立場から、市民経営体の課題と方向性を示すことの必要性が高まっています。それは企業中心社会日本の機能と構造のあり様の克服という課題です。

「社会経営」という表現には、現代社会によって形成されシステム化された経営のあり様（非人間化）に対抗する「主体的な営みの今日的中身とは何か」という問題意識が含まれています。すなわち、社会を対象化し、ただ客観的・構造的にみるだけでなく、今後われわれが社会をどう形成していくのかという問題意識が含まれています。それ故、「理論と実証」というこれまでの人文・社会科学の枠組にとどまらず、「理論と主体的営み（実践）」という枠組が問われることになっています。そこでは、理論が、統計データ・客観的な事実などによってだけではなく、主体的営み（例えば市民社会運動）によって検証されるという立場をとることになります。この意味での「理論の実践性」が今日鋭く問われています。

学問（知）が既存社会の機能と構造の外ではなく社会の機能と構造に組み込まれつつある現在、これまで以上に社会（資本主義社会、市場至上主義社会、企業中心社会）の積極的な「補完」の役割として学問（知）が文化的・イデオロギー的に機能しはじめています。情報化社会、ソフト化社会、知的社会と言われることの本質的意味はここにあります。学問（知）もまた既存社会の機能と構造の「補完」となるかオルターナティブとなるかが問われています。「補完」が強化されるならば、その時、学問の自由は奪われ、文化の一元化が進み、ひいては人間の自由も奪われることになります。「補完」かオルターナティブかは、現代社会への問題意識としてだけでなく、学問研究それ自身にとっても焦眉の方法論的視角です。例えば現代経営学が、企業経営の視点にとどまらず、社会経営のあり様の視点から、この企業経営を捉え返し、さらには市民あるいは地域視点からの企業経営の再構築（リストラクチャリング）という課題に応えることが求められています。

2．「補完」かオルターナティブか

馬頭忠治さんは、社会文化学会第二回大会・課題研究3：「イギリス市民社会とボランタリー・セクター」の報告においてイギリスの市民セクターとしての「チャリティー」（Charity）の果たす今日的役割について次のように述べています。

「チャリティーの活用戦略は、チャリティーに資金援助ばかりか契約関係を持ち込み、より成果や効率を求めることになることから、チャリティーが本来有している自発的で自立的な活動が損なわれるという問題も指摘されるようになってきている。例えば、チャリティーの管理者が私的セクターからリクルートされたり、専門的な運営や権限の体系化が推し進められて官僚化しているとする報告書も多い」、「その意味で、チャリティーをめぐる状況は大きく変化し、チャリティーをめぐって、政府などの公的セクターとの関係を強めていくか、それとももっと自立的な在り方を模索するかという二極分解した意見が散見される」。

これに関して、コメンテーターの山西万三さんは次のように「二つの道」を指摘しました。

「資本主義経済の成り立ちの逆向けベクトルを資本主義に組み込むことにより資本主義の活力を維持する道と資本主義とは逆ベクトルの仕組みを自発的につくることにより自立する道である。非営利セクターは二つの道の闘争の場の中にある」。

国家セクターとの関係を強化し行政的「補完」を進め、さらに資本主義の活力を維持する市場的「補完」という道が、日本において現実化する可能性は高いと言えます。それは、ＮＰＯ認可申請段階での所轄庁への提出書類における担当部局による度重なる書き換え要求があったり、また福祉分野のＮＰＯ申請が多いという現状にもみられます。また、福祉の他にも、教育、文化、町づくりといった分野の諸問題には国家主導および企業中心社会日本の矛盾が現れています。今日の膨大な公共事業予算および企業の「リストラ」に見られるように、国家主導および企業中心社会は、国家財政の破綻後もバブル崩壊後も依然として変わっていません。むしろ安心して国家主導の下に支配性・管理性を高め、また企業の効率性と営利性を進めるための「補完」という役割をＮＰＯが担わされる可能性が高いと言えます。「補完」という言葉は、〝不十分なものを補って全体として完全なものにする〟ということを意味します。それ故、現在の企業中心社会、市場至上主義の社会システムを前提にしたままという状況の中にＮＰＯが組み込まれることを意味しています。

ＮＰＯが市民セクターとして、自主管理原則の下に機能し、国家セクター、企業セクターとの緊張・対抗関係を維持することは果たして可能か、オルターナティブ（代案）として機能しうるか。このことは、国家・企業セクターといった既存システムに取り込まれることなく、それとの緊張関係をＮＰＯが維持し発展させ得るか否かにかかっています。その緊張関係とは、国家・企業セクターの機能と構造を質的に変化させ得るか否かということを意味しています。日本における社会経営のあり様においてＮＰＯのあり様（市民的自主管理・組織の形態）が試金石と言えます。

例えば、LETS（Local Exchange Trading System）が、独自の地域通貨を発行する地域循環型システムとして、国民経済社会、グローバル経済社会システムの補完関係にとどまるか、緊張関係に立つかが焦点となります。「補完」は、国民経済社会とグローバル経済社会システムの矛盾点・問題点としての失業問題、コミュニティ崩壊といった現実を補い、国民経済とグローバル経済システムを支え、さらにはそれらを活性化させる方向を目指すことになります。他方、緊張関係は、失業問題とコミュニティ崩壊に対して、その原因・背景である国民経済社会・グローバル経済社会システム（企業経営システム）とＮＰＯ（市民経営システム）との「線引き」（質の違い）を明確にして、市民（住民）視点からの地域独自の社会経済循環を創り上げることによって、国民経済社会・グローバル経済社会システムの質を変化させていく方向を目指すことになります。そこでは、国家主導主義と市場至上主義からの克服としての地域コミュニティ中心の経済社会システム（市民社会）の構築です。ＮＰＯが単に非営利活動としてだけではなく経営（事業）体として地域経済社会システムの機能を果たし得るか否かが問われています。

現在日本においても、地域通貨が発行され、LETSの初歩的試みがなされようとしていますが、商品が生活の隅々にまで行き渡り、コミュニティ崩壊が地域のみならず企業内から教育現場にまで行き渡った現状では市民社会は容易に実現しません。また、NPO法が当初「市民活動促進法」と言われていたものが「非営利活動法人促進法」に名称が変わったように、「市民活動」、「市民社会」という言葉が根付かない日本の社会経営状況(管理し管理される関係に慣らされた社会)が厳然として存在しています。「市民活動」の前進と「市民社会」の形成にとって、企業経営とは区別される社会経営としての市民経営の概念は重要な意味をもっています。しかし現実は「民間経営手法」なるもののあらゆる領域（教育、福祉、医療等の現場も含め）への導入が進んでいます。

3. 社会的「空間」と市民経営

日本における身近な生活の場をみると常に商業主義にぶつからざるをえません。すべてが商品として理解される日本社会で生活の場を確保することの難しさであり、子供をめぐる諸問題も経済中心に動いてきた「非人間的社会」が生んだものと言えます。経済、労働も含めた再建が生活の場としての地域社会に求められています。経済、労働が崩壊し、生活が同時に崩壊し始めている日本において、生活（市民生活、地域生活）の場から経済、労働を捉え直すことが切実に求められています。現在、日本ではドイツ社会文化センター(市民経営体）のように多面的な活動が継続的にかつ事業として行われている場がありません。それを確保するには、既存の公共施設の時間的制限、使用料金といった壁の突破が求められます。ドイツのように不要になった地域の公的施設などを市民が「占拠」するということは日本の現状では全く無理です。既存の公共施設では上から管理するという視点が強く出ており自主管理が行われていません。行われたとしても上からの管理内での自主管理です。この意味で日本は生活の末端にまでわたる見事な管理社会です。

地域活動で「場」がないということは「言葉」がな

いということです。多様な活動と共に多様な「言葉」を「場」の中で作っていかなければなりませんが、マスコミ等の影響も含め、また「会社（企業）文化」が強い結果、市民運動から発せられる言葉のウエイトがまだまだ軽いのが現状です。商業主義がコミュニケーションの仕方にも現れています。例えば、受益者負担の思想は深く染み込んでおり、ボランタリーな思想はまだまだ根づいていません。そこでは相互扶助が気まずく居心地が悪いということがよくあります。金で支払った方がすっきりしていて楽だという雰囲気(文化)が根強いのが現実です。その中で市民活動と市民経営体はどこまで進むのか、今後、日本の市民活動と市民経営体は、商業主義あるいは受益者負担思想との緊張・対抗関係の中に積極的に入っていかなければなりません。ボランタリーな活動を社会の中に定着させるためには、NPO法人への登録なども含めて、ボランタリーな活動・事業の社会的承認を求め、活動・事業実績の積み上げが市民経営体として実務的・継続的に行われる必要があります。

さて、日本における実際の市民（地域）活動は、ドイツ社会文化センターの活動に比べれば遅れていますが、形式・内容とも日本的な市民経営体を展望すべきです。様々なイベントもただイベントの成功ということを目的とするのではなく、それに関わった多くの人々の人と人の関係の形成という視点から市民経営体を少しずつ築いて行くことです。ひとつの市民経営体であっても個々人の捉え方は十人十色であってひとくくりにはできません。将来にわたってもひとくくりにする必要はありません。多様な人間関係をどう作っていくのか。日常的に使用する言葉の問題も含めて考えて行かなければなりません。これまでの運動・活動と表現されていることから、それに付け加えて事業・経営という概念によって捉えていくことが重要です。ここでは、より持続的で実務的な側面が重要となります。「いい経営」とは、結局は人間関係のあり様であり、それを支える実務性の中身です。管理能力を身につけていく必要があります。「管理」という言葉のイメージが悪いのも管理社会日本の反映であり、「管理」を積極的に捉え返していくことが必要です。こうした点を含めて文化概念の豊富化を図っていくのがドイツでの市民経営体の特徴です。例えば、特定のアーティストが文化の担い手ではなく、文化の担い手は社会構成員全体であるというのが「社会文化」概念であり、特定の経営者が事業体の担い手ではなく、一人一人が市民経営者（事業者）なのです。商業主義に流されないためにも「市民経営」概念を豊富化していかなければなりません。こうした「市民経営」の実現こそが商業主義を超える道です。

日本においても市民経営の実現のための運動としていくつかの取り組みがはじまっています。一つは地域での市民活動の法人化の試みです。これまで任意団体であったものが、ＮＰＯ法に基づいて所轄庁に法人申請書を提出し、認証・登記をおこなうことが可能となりました。事業として継続的に取り組むことの必要性、例えば、財産管理・収支計算などの財政運営面、会員総会・理事会などの組織運営面、また登録申請の際に見られたかなり面倒な書類作成などといった市民経営の実務という課題が出てくることになります。法人格の取得をもって、これまでとは違って、行政セクター、営利セクターへの積極的働きかけが可能となってきます。

4．日本における市民経営循環（システム）の形成

日本では、政策は公共投資優先の「箱物行政」＝「土建国家」がはびこり、社会とはビジネスの場であり生活の場とはなっていません。大学の研究・教育さえも日本では行政とビジネスに従属しています。日本には「経済のための生活」あるいは「経済あっての生活」という社会理解が根強くあります。あえてきつく表現するならばすべてが行政とビジネスの「補完」です。日本においては「空間」・場のあり様という問題を指摘しなければなりません。日本においては常に商業主義にぶつからざるをえません。すべてが商品として理解される日本社会で「生活の場」を確保することの難しさです。「生活の場」として経済・労働・教育・

地域を含めた再建が日本社会に求められています。現在、経済、労働、教育、地域のいずれもが空洞化（あるいは崩壊）しつつあります。言うならば、この日本においては人間生活と人間の共同性が崩壊すべく崩壊し始めています。「生活の場」から経済、労働、教育、地域を捉え直す枠組（パラダイム）転換が切実に求められています。

多様で独自な人間関係をどう創っていくのか、日常的に使用する言葉の問題も含めて考えていかなければなりません。これまで、運動・活動として表現されている内容から事業・経営として表現される内容への転換が重要です。そこではより持続的で実務的で組織的な側面が強調されます。商業主義あるいは国家主義に流れないためにも社会経営と市民経営概念を豊富化していかなければなりません。

「管理社会」と「市民社会」の対比を明確にして、今後、日本での市民経営に向けた運動に取り組んでいく必要があります。ドイツでは、例えば公共交通機関で切符の自動販売機はあっても改札は一切ありません。「市民社会」は市民が社会を作り支えています。他方、「管理社会」は〝国家が管理しないと国民は何をしでかすかわからない〟という不信感の上に成り立つ社会です。「管理教育」もまたしかりです。私たちはいつまでもこうした「管理社会」の悪循環に甘んじているわけにはいきません。この「管理社会」には実に意味のない社会的無駄が多くあります。不信感ゆえの本来なら不必要な人と時間と金と情報の消費です。ただ、資本の論理からみれば、それが商品化され儲かることになります。この解消は簡単ではありません。「管理社会」は管理することのためにどれだけのものが消費されているのか、お金を含めての社会的循環（システム）を根本的に変えることが求められています。今日の日本社会を一言で特徴づけると〝不信感に基づく商業主義が蔓延した管理社会〟と言えます。今の状況では日本社会はますます「管理社会」化を進めていくことになります。相互信頼に基づく日本的市民社会および市民経営体を作ることが今日強く求められています。「管理社会」との決別がドイツの市民経営体（社会文化センター）から学んだことです。人と時間と金と情報の社会的循環（システム）を根本的に変えていく必要です。例えば、商品、サービス、お金、時間、そしてあふれる情報を、人間同士の相互信頼の上にたった新たな市民経営的循環の中に置き換えることから始める必要です。

国連は２００１年を「国際ボランティア年」(International Year of Volunteers 2001）としました。二十一世紀の幕開けの年がVolunteer（自由意志、自発的行為）であることはこの新世紀への期待が国家でも企業でもないＮＧＯ、ＮＰＯのあり様に寄せられていることを意味しています。日本型ＮＰＯ（市民経営体）のあり様です。今後、日本における非営利かつ非政府である団体、法人や協同組合が、二十一世紀における日本社会のあり様を特徴づけるのです。ＮＰＯ法人格の取得をもって、行政セクター、企業セクターへの働きかけを、対等平等な関係として行うことです。

市民経営体は、少しずつ「公共空間の形成にむけて」、「継続的な事業として」、また「財政的裏付けと実務的能力をもって」進めていくことが求められています。問われているのは、この日本社会の中に新しい人間関係の形成のための「場」を確保していくことです。ドイツ型ＮＰＯ「登録団体 eingetragner Verein」は地方自治体などから公的助成を受け、運営は直接民主主義的な「自主管理（自治）Selbstverwaltung」原則に基づき、さまざまな組織的試行が行われています。社会文化センターは各州単位で上部団体を結成し、さらに全国レベルで「連邦社会文化センター協会」を結成しています。これらの団体は、ドイツ政府やＥＵの支援を得つつ、ヨーロッパ・レベルでの社会文化センターのネットワーク化を進めています。さらにイギリスのチャリティーはLETS（地域循環型経済システム）としての展開がめざましく、市民運動を支える経済的基礎において他の諸国に対するモデルを提供しています。地域通貨の導入によるローカリゼーション（地域循環型経済システム＝LETS）の動きは、ドルを中心としたグローバリゼーションに対するオルターナティブとして機能しつつあります。それは企業視点を中心とする経営に対して市民視点を中心にすえた経営（市民経営体）の本格的な登場を意味しています。

おわりに――市民経営体の方向性――

私たちは、まず手始めに、銀行、保険会社等に預けているお金を引き出し、くだらない時間の消費から時間を救い出し、そしてあふれる情報におぼれることなく、それらを人間同士の相互信頼の上にたった新たな市民経営的循環の中に投じることから始めようと思います。日本型ＮＰＯ（市民経営体）形成の課題はここにあります。この形成に失敗すれば、日本社会は未曾有の結果つまり「人間関係の崩壊」にまっしぐらに突き進むことになります。企業セクター、国家（行政）セクターに対する市民セクターとしてのＮＰＯは、企業および国家の補完ではなくオルターナティブとしての市民経営体であり組織体です。ＮＰＯは公益法人としての学校、病院、福祉、宗教、文化などの諸団体を含んでいます。これらのＮＰＯが市民視点において活動し組織し経営されることによって、国家（行政）セクター、企業セクターとの緊張・矛盾・対立関係を形成し、この関係の中で社会経営システムを新たに組み換えることが可能です。現在、市民視点からの社会経営システムづくりが求められています。市民経営体は、ＮＰＯ（市民経営体）を中心として、そこから国家（行政）セクターおよび企業セクターとの関係構造を転換させ、社会合理性の観点から新たな社会経営を築くという大きな課題を背負っています。また、市民経営体は、企業セクターおよび国家（行政）セクターの内側から、そこでの既存の経営（管理・組織形態）を市民視点から再構築（リストラクチャリング）を行うという課題も同時に背負っています。その際、重要となるのは、社会一般としての合理性ではなく、「市民社会」としての合理性です。つまり、社会は市民の自発的・自主的参加によって組織され管理されることによって成立しているという視点です。

註

※　本稿は拙著『『補完』かオルターナティヴか――ＮＰ

Oと市民社会――」（『社会文化研究』第3号、社会文化学会、2000年3月、所収）と「市民社会形成と市民経営学」（拙著『社会経営学序説』晃洋書房、2002年2月、第9章所収）に一部修正・削除・加筆を行っています。

おわりに

京都社会文化センターの設立（1999年7月）の直接の契機は、1998年9月のドイツ社会文化センターへの訪問・調査および1999年5月の日独国際シンポジウムにあります。この間の1998年11月には社会文化学会が設立されました。この学会は市民の学会ですが、日本学術会議に登録した日本の学術を支える基礎団体（設立当時は会員選挙権を有する基礎学会）の一つです。他方、京都社会文化センターは地域における社会活動・市民活動の団体です。前者は全国的な学術団体で後者は地域の活動団体です。また前者が主に理論とすれば後者は主に実践、その「場」と言えます。京都社会文化センターは地域における社会文化の実験的試みの「場」です。

ドイツ国内5ヶ所（フランクフルト、ボン、ケルン、ハンブルク、ライプチッヒ）にあるドイツ社会文化センターの活動を知り、「日本でも社会文化センターを！」という強い想いが生まれました。それは私だけではなく訪問者の多くがそう感じたと思います。もちろん、ドイツとは歴史も文化も、そして政治も経済も異なります。ドイツはすでにEU（ヨーロッパ連合）の中心国でした。過去の反省、戦争責任を曖昧にしたままの日本は東アジア諸国の中心国とは言えません。ドイツとは異なって過去責任・戦争責任は未だひきずったまま未解決です。アジアの東端の離れ小島で、大海原の太平洋の対岸のアメリカと運命を共にする同盟国です。明治維新以降の「脱亜入欧」は形を変えて「脱亜入米」が中心になりました。こうした中で日本での社会文化センターの設立・活動は、ドイツとは異なってどういう意味をもつのかを考えざるを得ませんでした。このことが第Ⅰ部の活動史にみられるように国際交流事業での韓日市民交流が活動の大きなウエイトを占めたものとなったと思います。設立当初（2000年度）の「光州民衆抗争」（1980年5月）の取り組みはその象徴的な活動でした。

活動前史でふり返りましたように、すでに1993年から「場」の概念と社会文化工房（織りなす工房）

の実験的試みが行われていました。しかし１９９６年７月に社会文化工房トポスの会は解散となりました。季刊『場トポス』は8号で休刊です。「社会文化」を掲げた事業展開は頓挫しました。多額の赤字も残りました。しかし、この経験が良い意味でも悪い意味でも京都社会文化センターの設立・運営につながったと思います。それは、特に「場」の確保と社会文化運動、そこでの様々な人と団体における相互交流の意味（重要性）、その運営の難しさなどについて、過去の社会文化工房トポスの会の活動経験を活かすという意味です。例えば、第2章の前期活動史での韓日市民交流、市民（コミュニテイ）メディアの設立、出版事業などの取り組みです。ただ、ドイツ社会文化センターのような恒常的な市民交流の場はすぐに確保できませんでした。

京都社会文化センター設立10年を迎えようとする２００９年3月に、ようやく念願の恒常的な「場」をもったセンター活動が京町家で可能になりました。借りました油小路通り松原下ルにある町家は明治中期の建物で、商家の趣のある広い玄関引き戸から土間があり、そこから通り土間を経て奥に庭が広がっていました。ここを拠点にすることが決まりました。このことは京都自由大学が毎週金・土に開いていた講座の場となり、また多くの連携団体との交流の場となりました。借主はＮＰＯ法人京都社会文化センターでしたが、２０１５年まではＮＰＯ法人京都自由大学との共同運営ということで維持・管理してきました。しかし、京都自由大学の運営も種々の困難をかかえるようになり、その後は京都社会文化センターの単独運営となりました。

この運営の転換時期（２０１４年夏—２０１５年春頃）に家賃の支払いが困難になり減額の申し出を行い、管理会社を通しての交渉に入りました。当然無理であろうと思い、近くの家賃の安い場所を探していましたが、大家さんから了解の返事を得ました。京都社会文化センターの地域に根差した活動への理解が得られたからだと勝手に推測しました。この時は実にホッとしました。ここから4年間の継続が出来ました。当初契約は10年間でしたので2019年2月末日で終了し新たな契約を結ぶことになります。しかし家賃は元の額に戻すことが更新の条件となりました。支払い能力はありませんでしたので、ここで町家でのセンター活動は終了・撤退となりました。

右京区の衣笠山を眺める「三角屋根」の家に京都社会文化センターの事務所を移転しました。その後、2020年に入り、新型コロナの感染拡大の影響で、京都社会文化センターの活動は一部の活動を除いて休止状態となり、主要メンバーの高齢化および会員離れが続き2023年1月の総会で解散となりました。

本書のⅡ部、Ⅲ部でのセンターの主要メンバーであった方々の論稿を含めて、全体として京都社会文化センターの活動が何であったのか、このことが少しでも読者に伝わればと願わずにはおれません。京都社会文化センターは、ドイツの「社会文化センター」の名称を名乗り、その趣旨と運動をふまえた取り組みであったことは確かだと思います。日本での社会文化活動の困難性と可能性の両方の視点から、今後、あらたな取り組みが起ることを期待したいと思います。なお、本書の刊行は、執筆者7名と会員の永井康代さんからの寄付金によって可能となりました。執筆者を代表して永井さんに御礼申し上げます。

最後に、これまでの長きにわたって共に歩んでいただいた方々、参加者、支援者、そして町家のある地域および松原京極商店街の皆さん、多くの方々のご協力ご理解に感謝申し上げます。町家でのセンター開設時に「義経と弁慶ゆかりの地・松原京極商店街の花まつり」（於：五条天神宮）の「場」で京都社会文化センター代表として地域の皆さんに挨拶したことを懐かしく思い起しています。本書が今後の日本における社会文化センター活動と地域市民活動の一助となれば幸いです。

２０２３年９月４日

元ＮＰＯ法人京都社会文化センター理事長・重本直利

付録　京都社会文化センター活動史
関連データ・資料等

①ＮＰＯ法人京都社会文化センター定款（一部）

第３条（目的）この法人は、京都の社会文化および町づくりのための事業を行い、地域社会に貢献することを目的とする。

第４条（特定非営利活動の種類と事業）この法人は、前条の目的を達成するため、社会文化と町づくりのための事業を行い、次の事業を具体的に行う。①演劇、音楽会、映画会、絵画展、読書会、講演会、ボランティア等の文化事業を行う②文化諸団体との協力・共同の関係を築くための事業を行う。

②初年度（２０００年度）ＮＰＯ法人京都社会文化センター理事会構成（２０００年１月21日ＮＰＯ法人認証、２月３日法人登記）

理事（６名）：大山一行（事務局長）、神谷雅子、重本直利、竹内真澄、山西万三（副理事長）、吉田正岳（理事長）。

③役職（三役）の変遷（２０００―２２年度）

- 理事長：吉田正岳（２０００年度）、竹内真澄（２００１―０５年度）、山西万三（２００６―０８年度）、重本直利（２００９―２２年度）。
- 副理事長：山西万三（２０００―０５年度）、竹内真澄（２００６―０８年度）、山西万三（２００９―１９年度〈２０２０年1月退任〉）。
- 事務局長：大山一行（２０００年度）、重本直利（２００１―０８年度）、三宅正伸（２００９―２２年度）。

④事務所所在地の変遷（２０００―２２年度）

- ２０００年1月21日より（法人設立時）：京都市中京区三条通り御幸町東入弁慶石町56番地１９２８ビル（毎日新聞社京都支局ビル）１階（同時代ギャラリー）
- ２００２年1月1日より：京都市西京区内（重本宅）
- ２００３年8月6日より：京都市右京区内（重本宅）
- ２００９年3月30日より：京都市下京区油小路通松原下る樋口町３０８番地（町家）
- ２０１９年3月1日より２０２３年5月26日（法人清算結了）まで：京都市右京区谷口垣ノ内町５―８（三角屋根）

⑤「京都社会文化センターの門出にあたって」のメッセージ

私たちは京都社会文化センターを、市民の自発的、共同的な社会文化活動を展開するために設立しました。日本の文化的状況を変え、私たち自身が楽しみ、学び、拡げて行ける社会文化活動をしていきたいと考えています。

京都社会文化センターは法人登記の手続きを2月3日に終え、いよいよ実質的な活動にはいることとなりました。2月26日、4月8日には第1回、第2回の理事会を終え、いくつかの活動計画について議論をしました。

当面の具体的な活動として、5月30日（火）から6月4

日（日）まで、「5・18光州民衆抗争」20周年の写真展、講演会（講師：徐勝さん、金貞禮さん）、ライブ・コンサート（李政美さん）、ビデオ上映会を企画しています。

…中略…

今後の活動計画、事業計画については現在立案中です。まもなく皆様に提示できるものと思っております。どうか皆様方のお力添えをよろしくお願いいたします。

２０００年4月9日

ＮＰＯ法人京都社会文化センター理事長 吉田正岳

⑥２０００年5月、光州写真展アンケート結果（一部）

問い：写真展やビデオについてどう思われましたか。

• 驚きと自分の無知への反省。ヒロシマ・オキナワそして光州。忘れてはならない歴史としての光州民衆抗争。アメリカの陰と明治からの日本国家と社会の成り立ちを見直す必要を痛感する。日帝36年間の支配、その意味の直視と日本人としての罪悪感。韓国民主化におけるすさまじい努力。民主主義の意味を知った。権力側の価値観とその見直しの歴史。

• 学生のパワーを感じ勇気をもらった。強く感じた事は、私達と同じ学生が、自分の命、韓国の歴史をかけて闘いぬいたところだ。同じ学生であるが、ものすごいパワーを感じた。たかが学生の力ぐらいでは、国は動かせないと思っていたが、私達も人間として何かできるのだという勇気をもらった。

• １９８０年５月、私は大学生でした。同じ世代の若者がおとなりの国で民主化のために命を投げ捨てて戦っているときに、一体自分は何をしていたか無知でバカな学生だったと今日、痛切に感じました。

• 歴史が書き直された瞬間だった、という言葉がすごく印象的でした。自分達の力で体制に反発し、弾圧されても続けていった。普段、民主主義という言葉をあまり意識したことはなかったのですが、その意味を考えさせられました。

• 民主主義というものを市民が勝ち取る為に、数え切れないほどの人の涙と血が流れ、命が奪われたことの事実が、実際にビデオを見ることにより、これから学習していく上で重さが増しました。

• 本や教科書からの情報とは全く別の視覚からの直接的な映像は想像していたものよりはるかに衝撃的なもので今は感想といっても自分の感情の整理で精一杯でまともなものもうかびません。ごめんなさい。

• その内容を見て、とてもくわしく、そして、見る側に迫力と興味をもたらすものだったと思えます。その当時の韓国（光州）の人々のエネルギー、負けない心がすごくよく伝わってきました。

• タクシーのデモの写真に強烈なインパクトがありました。そのように、市民が一丸となって抗争に参加したことに感動しました。

• 近年韓国がそのような民衆抗争があったとは、知りませんでした。今、日本でも国民の意向を無視したような独裁的な発言や法案はとても問題だと思います。

・アジアの陰に見え隠れするアメリカ、そしてそこから日本の姿が必ず見える。明治から始まったこの国の成り立ちを見直す時、避けて通れぬ事実を今一度据え直したい。

・いつの時代にも権力を握った者が民衆に対して行う事には一つのパターンがあると思う。小さな力を集め、犠牲を払ってでもそれに立ち向かっていく力が大きなうねりができ、国を権力を変えて行く事ができる。そんな事ができるパワーに大きな拍手！

・日本人が韓国・朝鮮人民に対し、日帝36年の支配以後、何をしてきたのかを直視したくてここに来ました。言いようのない罪悪感を感じています。

・凶暴な権力の暴走に身の毛がよだつ思いがしました。それ対して立ち上がる民衆の力に感動しました。若者、学生、市民の人々に敬意を捧げます。

・軍隊の蛮行がとても伝わってきます。本で読んだりするのとでは感じられるところは大差があります。民主化を求めて立ち上がった民衆、それを武力で弾圧する軍、それを容認したアメリカ。多くの人々の死は現実です。光州民衆抗争は忘れるべきでない歴史であると再認しました。

⑦２０００年８月28日―９月２日（光州、釜山訪問）、「過去、現在、未来を見据えた市民レベルでの韓日交流の発展のために」。

京畿道・ソウル中心では捉えられない交流の可能性として、今回の全羅南道・光州での交流を位置づけたい。日本社会における新たな市民運動（ボランタリー・セクター）の可能性を探る中で、市民レベルでの韓日交流の発展を目指していきたい。

韓国社会文化研究交流（２０００年８月28日―９月２日）の参加者（６名）。訪問先は５・18記念公園、光州市役所、５・18記念財団、全南大学校５・18研究所、光州市民連帯、「文化の家」および社会文化施設、韓国文化探訪、全南大学校人文科学大学日語日文学科での研究会、釜山市内の社会文化施設（民主公園）。

〈目的〉

(1)目的を「社会文化に関する韓日比較研究」とする。

(2)このための具体的な内容を次の三つとする。

・韓国社会文化の実態調査、今回は特にソウル以外の地域（主に光州）の社会文化研究者および市民運動家等との研究交流を行う。このために光州市役所、光州「文化の家」、全南大学校関係者との研究交流および協力を得るものとする。

・５・18記念公園の訪問。光州民衆抗争関係者および市民運動家との研究交流は、特に韓国の民主化運動を市民運動あるいは市民社会の形成との関係で位置付け研究交流を行う。

・全南大学校の日語日文学科の金貞禮先生をはじめとする人

達との研究交流は、「社会文化に関する韓日比較研究」として位置づけ交流する。

⑧2000年8月29日、全南大学校5・18研究所にての報告（一部）：「日本から見た5・18光州民衆抗争――〝光州週間in京都〞の取り組みから――」（重本直利）

光州広域市5・18資料編纂委員会、金貞禮・佐野正人訳『5・18光州民衆抗争』から〝光州週間in京都〞の取り組みが具体的に始まった。

「市民の皆さん、いま戒厳軍が攻めて来ています。われわれの愛する兄弟姉妹が戒厳軍の銃弾に倒れ、死んでいっています。私たち皆が力を合わせて、最後まで戒厳軍と闘いましょう。わたしたちは光州を死守する覚悟でいます。わたしたちは最後まで闘います。市民の皆さん、どうか私たちを忘れないでください……」（同上136ページ）

5・18における平和と人権のための闘いはその後の韓国の新たな民主化運動の出発点となっていきました。翻って日本のわれわれの平和と人権の闘いとは一体どのようなものであったのか、また今後どうあるべきなのか。あらためて考えさせられます。光州民衆抗争20周年を期に、写真展、ドキュメンタリー・ビデオ上映会、ライブ・コンサート、講演会をこの京都の地で開催、光州市民の闘いを忘れないためにまた私たちの明日を切り開くために。

〈何故〝光州週間〞に取り組んだか〉

20年を経ても私たちの記憶に鮮明に残っている「光州事件」を、現在あらためて取り上げることによって、韓国および南北統一の今について理解し、過去の歴史認識を含め日本社会の今日的課題を新たに発見したかった。私たちは「事件」としてではなく「民衆抗争」として捉え、また今日の韓国民主化の到達点の意味を歴史的に理解すること（日本による植民地支配と戦後における問題）の重要性を、日本の現実（民主主義、人権、平和の危機的状況）に照らしても検証してみたかった。韓日比較においてこの20年間の民主化運動の展開は大きく異なっている。この間の日本社会における民主主義・人権・平和は実質的な空洞化の歴史であり危険な状況にあると言える。それは、市民レベルでの民主化運動、社会運動の空洞化に起因するものであり、その結果として、経済（企業経営の荒廃）、国家財政（600兆円を超える債務）、学校教育（学級崩壊）、地域共同体（人間関係の解体）において深刻な事態が進行している。光州民衆抗争と今日の韓国社会の関わりを知ることは、この日本の現状変革における課題を明らかにするきっかけになるのではないかと考えた。

〈〝光州週間in京都〞の取り組みの結果報告〉

〝光州週間〞として、写真展、ビデオ上映、音楽ライブ、講演会、ニムの行進曲、懇親会など総合的に取り組み、〝光州民衆抗争〞の現代的意味を考える6日間とした。また、多彩な内容と共に約1000名が参加し、〝光州民衆抗争〞に関しては日本では最も大きな取り組みとなった。実行委員会形式でNPOメンバー以外にも学生の参加を得た。

⑨2002年3月23日、2001年度龍谷大学国際社会文化研究所共同研究(重本G)主催、テーマ:「韓国における『文化の家』と社会文化運動（市民運動）の現状と課題」(龍谷大学深草キャンパス)、NPO法人京都社会文化センターは協力団体。

〈開催目的〉

この共同研究は、韓国における社会文化（Soziokultur）および「文化の家」を対象とし、その特徴を明らかにすることにある。また、その韓日比較研究を試みることを目的としている。今回の報告会は、2000年度の共同研究中間報告会（2001年2月開催）での韓日国際シンポジュウム、さらに2001年度のシンポジュウム（2001年11月開催）をふまえてのものである。前者の内容が光州であり、後者の内容がソウルを中心とした共同研究会であったが、今回は釜山地域の取り組みを対象としている。この開催は、ソウル、光州をふまえつつ新たに釜山地域を加えることによって、2年間におよぶ共同研究の報告と総括的討議を行うものである。

〈プログラム〉

(1)「釜山地域における社会文化施設の取り組みの現状と市民運動の課題」（李相録：釜山民衆抗争記念館・民主社会研究所副所長）

(2)「韓国・文化の家の地域特性について——光州・釜山を中心にして——」（桔川純子：保健福祉ネットワーク、社会文化学会韓国社会文化研究交流委員会事務局長）

(3)「韓国・文化の家の地域特性について——ソウルを中心にして——」（吉田正岳：国際社会文化研究所客員研究員・大阪学院大学助教授）

(4)「社会文化および社会文化運動の韓日比較研究——韓国・文化の家の位置についての総括報告」

（重本直利：国際社会文化研究所研究員・龍谷大学教授）

⑩2002年10月、「朝日シネマの存続を願う大学関係者有志の会」のアピール文

朝日シネマ（三条河原町北へ上がる朝日会館4階）が来年1月29日をもって閉館する、という報道が先日なされた。経営危機に陥っているわけではない同映画館をなぜ閉館する必要があるのか、必ずしも鮮明ではない。朝日シネマの興業を陰に陽に支え、あるいは映画上映からさまざまな喜びをもらっている人々の同館存続を願う声は決して小さくないはずである。とりわけ、これまで朝日シネマが興行してきた作品の数々は、アメリカの巨大映画産業の配給一色に塗り固められつつある世界映画界の事情を考慮すれば、特筆に値するものだ。小資本の映画、ヨーロッパ映画、アジアその他「貧しい国々」の映画を観ることは〈世界と出会う〉ための稀少な機会を私たちに与えてくれた。それらを失うことは、その分だけ〈世界〉を失うことに等しい。三条河原町が淋しい街になるというだけではない。世界への窓が消えれば、世界そのものも消えるに等しいということなのだ。私たちはそれを避けたいと願う。忙しさにまぎれて朝日シネマに足を運ぼうとして運べなかった、もっと多くのファンもまた大いに打撃を被っている。私たちは大学関係者であって、映画にとって特別な存在ではない。だが、映画は私たちにとって特別な存在である。声と金とを集めたら何とかなるのなら、私たちは存続への努力を惜しまない。（２００２年10月29日）

⑪２００９年度（町家センター開設時）ＮＰＯ法人京都社会文化センター理事会（監事を含む）構成

重本直利（理事長、施設管理運営事業・法務担当）、竹内真澄（教育事業・京都自由大学担当）、藤原隆信（国際交流事業、市民科学研究所担当）、三宅正伸（事務局長）、山西万三（副理事長、財政担当）、吉田正岳（出版事業担当）以上理事、谷和明（教育・文化芸術事業担当）、中村共一（市民科学研究所担当）以上監事。

⑫京都社会文化センター施設運営規程（２００９年４月５日制定）

第1条（名称）施設の名称は京都社会文化センターとする。

第2条（目的）本施設はＮＰＯ法人京都社会文化センターの活動に資することを目的とする。

第3条（利用）本施設はＮＰＯ法人京都社会文化センターおよび会員の利用施設とする。またＮＰＯ法人京都自由大学は「共同運営団体」とし同様に利用することができる。その他京都社会文化センター施設運営委員会で許可された団体（「施設利用許可団体」）の利用は可能とする（ただし個人利用は不可）。なお、この団体は単年度ごとに施設運営委員会で決められる。

第4条（施設運営委員会）法人理事会の下に施設運営委員会をおく。施設運営委員会は本施設の運営の具体的事項を議論しまた運営責任を担う。施設運営委員は、ＮＰＯ法人京都社会文化センターの理事が兼務する。また施設運営委員会が推薦する者をオブザーバーとして加えることが出来る。任期は1年、再任を認める。

第5条（役員）委員長および副委員長は施設運営委員会において委員のなかから互選する。委員長は施設運営全般を統括し、副委員長は委員長を補佐する。

第6条（施設事務）施設運営および管理事務等にあたる事務担当者を置く。

第7条（利用規則および利用料）利用規則および利用料は別途「施設管理運営細則」に定める。

第8条（規定変更）この規程の変更は、法人総会の議を経て行う。

第9条（附則）本施設の運営管理に必要な管理運営細則（利用料含む）は施設運営委員会が別途定める。

⑬京都社会文化センター施設管理運営細則（２００９年４月５日制定）

（1）施設運営についてはＮＰＯ法人京都社会文化センター会員全員が共同して管理運営にあたる。なお管理運営の責任は理事会（施設運営委員会）とする。

（2）第３条に基づく「施設利用許可団体」は毎年度当初において定める（付記事項参照）。

（3）「施設利用許可団体」の確認は毎年行うとともに施設運営委員会の判断において随時追加団体の許可を行うことができる。

（4）「施設利用許可団体」以外の団体使用は認めない。また使用の場合は原則としてＮＰＯ法人京都社会文化センター会員とＮＰＯ法人京都自由大学会員の参加を必要とする。個人使用は京都社会文化センターとＮＰＯ法人京都自由大学会員のみが使用できる。また、同会員が参加する場合は会員外も利用可能とする。

（5）施設利用料は以下とする。なお、京都社会文化センター、京都自由大学のＮＰＯ会員が利用する場合は半額（同伴者も同額）とすることができる。また、「施設利用許可団体」の利用は、施設運営委員会に申請し、その決定によって半額とすることができる。

〈利用区分〉Ａ 9:00-12:00(午前)、Ｂ 13:00-17:00(午後)、Ｃ18：00-22：00(夜間)

以下、省略

⑭２０１４年度の主な使用日程表

１月12日(日)社会文化センター総会、13日(月・祝)社会文化学会(西部部会)社会文化論研究会、15日(水)松原京極商店街会議、19日(日)京都自由大学ライブコンサート。

２月５日(水)松原京極商店街会議、９日(日)京都自由大学、21日(金)京都自由大学。

３月５日(水)松原京極商店街会議、12日(水)松原京極商店街会議、13日(木)重本グループ、16日(日)松原京極商店街総会、19日(水)ともいき塾、21日(金)京都もやいなおしの会、30日(日)松原京極商店街春祭り。

４月９日(水)松原京極商店街会議、18日(金)龍谷大学文学部教育学・林ゼミ3回生、20日(日)社会文化学会・運営委員会、27日(日)中学同窓会幹事会。

５月13日(火)京都自由大学丸山講座、14日(水)重本グループ、27日(火)京都自由大学丸山講座、28日(水)町おこし事業。

６月10日(火)京都自由大学丸山講座、11日(水)松原京極商店街会議、24日(火)京都自由大学丸山講座。

７月８日(火)京都自由大学丸山講座、12日(土)―17日(木)京都社会文化センター、16日(水)重本グループ、21日(月)ユニオンぼちぼち会議、22日(火)京都自由大学丸山講座、24日(木)細川・重本ゼミ、27日(日)龍谷大学文学部教育学・林ゼミ4回生、28日(月)丸山１００年シンポ実行委員会。

８月６日(水)若者カフェ、８日(金)松原京極商店街会議、

11日(土)京都社会文化センター、14日(火)・15日(水)「本当のフクシマ」写真展、24日(日)社会文化学会・西部部会、30日(土)全国大学人ユニオン定期大会。

9月4日(木)松原京極商店街会議、6日(土)丸山真男シンポ懇親会、13日(土)京都自由大学理事会、24日(水)松原京極商店街会議。

10月3日(金)京都自由大学講座、8日(水)松原京極商店街会議、10日(金)京都自由大学講座、17日(金)京都自由大学講座、24日(金)京都自由大学講座、29日(水)京都社会文化センター理事会、30日(木)重本グループ、31日(金)京都自由大学講座。

11月6日(木)重本グループ、7日(金)京都自由大学講座、7日(金)町家カフェ・ぽから、9日(日)社会文化学会・西部部会、12日(水)松原京極商店街会議、14日(金)京都自由大学講座、14日(金)町家カフェ・ぽから、19日(火)ともいき塾(林)、21日(金)京都自由大学講座、22日(土)京都自由大学講座、28日(金)京都自由大学講座、29日(土)京都もやいなおしの会。

12月5日(金) 京都自由大学講座、12日(金) 京都自由大学講座、17日(水)ともいき塾、19日(金)京都自由大学講座、22日(月)映像教育研究会、25日(水)京都経済短大:藤原ゼミ、28日(土) 林ゼミ。

⑮２０２３年２月４日、任意団体・ＮＧＯ京都社会文化センター「申し合わせ事項」

〈名称〉名称はＮＧＯ京都社会文化センターとする。

〈活動〉これまでの活動を継続する（ともいき塾、絵画・書画展等、日韓市民交流など)。

〈組織〉活動を継続する組織体（人間関係）を活動体とする。京都社会文化センター（以下、センター）は役員、役員会は置かない。センター総会は行わない。必要があれば全体会合等を行う。「主権」はそれぞれの活動体にあり、その集合体をセンターとする（連合共生型、アソシエーション連合制)。

〈運営〉会員はそれぞれの活動体で活動を行う。「会員名簿」は活動体ごとに作成する。その集合を「センター会員名簿」とする。活動はそれぞれ活動体が責任をもって担う。入会・退会はそれぞれの活動体が行う。活動体はそれぞれが活動を続けながらセンター内で情報交流を行う（ネット交流を基本とする)。

〈会計〉センターは会費を徴収しない。それぞれの活動体における独自会計とする。

〈申し合わせ事項の変更〉会員あるいは活動体からの変更提案に基づき、他の会員あるいは活動体の合意をもって変更する。

〈センターの廃止〉会員あるいは活動体からの廃止提案に基づき、他の会員あるいは活動体の合意をもって廃止する。

執筆者紹介（掲載順、本書活動史区分の前期・後期の主な役職等と現在）

・重本直利（しげもと なおとし）

前期理事・事務局長、後期理事長。現在、NGO京都社会文化センター出版会代表。

・藤原隆信（ふじわら たかのぶ）

前期・後期理事。現在、筑紫女学園大学現代社会学部教授。

・三宅正伸（みやけ まさのぶ）

後期理事・事務局長。現在、人権経営研究所代表。

・竹内真澄（たけうち ますみ）

前期理事長・副理事長、後期理事。現在、桃山学院大学社会学部教授。

・山西万三（やまにし まんぞう）

前期副理事長・理事長、後期副理事長。現在、地域産業総合研究所代表。

・中村共一（なかむら きょういち）

後期監事。現在、NGO市民科学京都研究所代表理事。

・馬頭忠治（ばとう ただはる）

前期・後期会員。現在、社会福祉法人麦の芽福祉会理事。

表紙写真「町家カフェ・ぽから」開店の日＜2014年11月＞（本書48ページより）

京都社会文化センター活動史（1999年―2023年）

――その思想と論理――

汎工房ブックレット 1

2024年1月20日　初版　第1刷発行

編集　『京都社会文化センター活動史』刊行委員会
発行　NGO京都社会文化センター出版会
発売　汎工房株式会社
〒181-0005 東京都三鷹市中原 4-13-13
Tel.0422-90-2093　Fax.0422-90-7930
装幀　上田佳奈（Solstico）
印刷・製本　株式会社イニュニック
ISBN978-4-909821-19-5　C0036